왜
을지문덕은
살수에서
물길을 막았을까?

08
역사공화국
한국사법정

교과서 속 역사 이야기, 법정에 서다

왜 수양제 vs 을지문덕

을지문덕은
살수에서
물길을 막았을까?

글 정명섭 | 그림 이동철

|주|자음과모음

"을지문덕 장군을 아십니까?"라고 물으면 거의 대부분의 한국 사람들이 "네"라고 대답합니다. 하지만 "살수대첩 말고 또 아는 것이 있으세요?"라고 물어보면 대부분은 모른다고 말할 것입니다. 실제로 남아 있는 기록도 희미하죠.『삼국사기』「고구려 본기」에는 살수대첩이 기록된 612년에만 을지문덕이 등장합니다. 저자인 김부식도 답답했는지 을지문덕 가문의 내력을 알 수 없다는 말을 남겨 놓았지요.

사람들은 저에게 왜 기록도 변변하게 남아 있지 않은 을지문덕에게 빠져들었느냐고 묻습니다. 전 대답합니다. 알려진 것이 없어서 좋아하게 되었다고요. 좀 더 가까운 사람들에게는 이렇게 말합니다. '나라도 기억해야 하지 않을까' 하는 의무감 때문이라고 말입니다.

어떤 사람들은 말합니다. 살수대첩에서 승리하기는 했지만 50년 만에 고구려가 멸망했으니 별 의미가 없는 것 아니냐고 말입니다. 사실 살수대첩이 벌어진 다음 해인 613년에도 수나라는 다시 쳐들어옵니다. 수양제는 그다음 해에도 또 군대를 모아서 고구려를 치려고 했지요. 살수대첩 자체가 바꿔 놓은 것은 아무것도 없어 보입니다. 침략은 계속되었고, 반세기 만에 고구려는 멸망했으니까요.

하지만 전 기억하고 싶습니다. 백만이 넘는 대군과 맞서 싸운 용기와, 조국을 지켜 내겠다는 절박함 속에 피어난 을지문덕의 지혜를 말입니다. 만약 그 당시 고구려가 수나라 대군에게 굴복했다면 어떤 일이 벌어졌을까요? 당장 양쪽의 눈치를 보던 신라와 백제도 수나라의 영향력 아래 들어갔을 겁니다.

반세기 뒤 신라가 당나라와 운명을 건 한판 승부를 벌이기는 했습니다만, 이때는 백제와 고구려가 멸망한 상태였습니다. 수나라는 대만까지 원정군을 보낼 정도로 혈기 왕성한 정복 국가였습니다. 돌궐도 견디다 못해 무릎을 꿇고 말았죠. 만약 고구려가 이때 수나라군의 기세를 꺾어 놓지 못했다면 지금의 한민족은 존재할 수 있었을까요?

역사는 거대합니다. 한두 명의 힘이나 결단으로는 방향을 틀 수 없습니다. 하지만 간혹 그런 순간도 존재합니다. 그리고 저에게 그런 순간을 손꼽아 보라고 한다면 저는 주저 없이 612년의 고구려를 가리킬 겁니다.

이 책을 통해서 어마어마한 대군을 눈앞에 두고 승리할 방도를 찾기 위해 고뇌하고, 협상을 위해 홀로 적진을 찾아갈 정도로 담대한 을지문덕에 대해서 말해 드리겠습니다. 제 얘기를 들을 준비가 되셨나요?

정명섭

차례

수양제는 612년 직접 113만 대군을 동원하여 고구려를 침공하였다. 요동성의 함락이 힘들자 30만 명의 별동대로 하여금 평양성을 치게 하였다. 이를 전멸시킨 싸움이 바로 '살수대첩'이다.

중학교	역사	III. 통일 신라와 발해의 발전 　1. 신라의 삼국 통일 　　(1) 수와 당의 침략을 물리친 고구려

삼국은 중국과 평화적인 교섭을 벌이기도 하고, 맞서서 싸우기도 하였다. 중국이 수에 의해 통일되자 위협을 느낀 고구려는 같은 처지의 유목 민족인 돌궐과 연합하여 수에 대항하였다.

수와 당은 자신들이 동북아시아의 패권을 차지하는데 고구려가 걸림돌이 된다고 생각하여 전쟁을 일으켰다. 하지만 고구려는 수와 당과의 전쟁에서 승리하여 민족의 방파제 역할을 하였다.

고등학교

한국사

Ⅰ. 우리 역사의 형성과 고대 국가
  3. 삼국, 교류와 경쟁 속에서 발전하다
    (3) 삼국 간의 항쟁, 최후의 승자는 신라

Ⅰ. 우리 역사의 형성과 고대 국가
  3. 삼국, 교류와 경쟁 속에서 발전하다
    (6) 대외 항쟁과 신라의 삼국 통일

6세기 말 중국을 통일한 수는 고구려를 침입하였다. 고구려의 을지문덕은 살수 대첩을 통해 수의 거듭된 침입을 물리쳤다(612년). 수가 망한 뒤 중국을 재통일한 당은 동아시아의 주도권을 잡기 위해 또다시 고구려를 침입하였다.

원고 수양제 (569년~618년, 재위: 604년~618년)

나는 수나라 제2대 황제로 이름은 양광입니다. 사람들은 내가 포악하고 무자비하다고 말하지요. 지금까지 나에 대한 비난은 일방적이고 감정적이었습니다. 하지만 통치를 위해서는 전쟁도 필요한 법! 나는 수나라를 지키기 위해 고구려를 침략했을 뿐입니다. 그런 나를 누가 욕할 수 있을까요?

원고 측 변호사 이중화

나, 이중화는 '중화'라는 내 이름답게 중국의 입장에서 수나라와 고구려의 전쟁을 설명하려고 합니다. 수나라와 고구려가 전쟁이 일어난 것은 1,000년도 더 전의 일입니다. 당시에는 전쟁이 통치를 위한 수단이었음을 우리는 명심해야 합니다.

원고 측 증인 득래

나는 고구려 제11대 왕이었던 동천왕의 신하입니다. 동천왕이 위나라와 전쟁을 벌이는 것을 반대하며 침범을 중단해야 한다고 충고하였지요. 하지만 동천왕은 나의 충고를 거절하였고, 나는 스스로 음식을 먹지 않고 굶어 죽고 말았답니다.

당태종

아버지를 도와 당나라를 세운 당나라의 제2대 황제 당태종이오. 나를 해치려는 형과 아우를 죽이고 황제의 자리에 오른 사람이라오. 실제로 후세 사람들은 나를 중국 역대 황제 중 최고의 성군이라고 부르기도 한다오. 하지만 내게는 고구려를 정벌하려다가 실패한 뼈아픈 기억이 있소이다.

영류왕

나는 고구려 제27대 왕이오. 당나라에서 사신을 보내와 화친을 제의해 오길래 이 제의를 받아들여 화친 정책을 추진했다가 연개소문에 의해 억울하게 희생당했다네. 수나라와 전쟁을 할 때에는 을지문덕과 함께 고구려군을 지휘했소이다.

남생

나는 연개소문의 큰아들로 아버지의 뒤를 이어 대막리지의 자리에 올랐습니다. 하지만 동생들과의 권력 다툼에서 패하게 되었지요. 국내성으로 달아나 적국이었던 당나라에 구원을 요청하였고, 고구려를 멸망시키는 데 일조했지요.

피고 을지문덕 (? ~ ?)

나, 을지문덕은 수나라 군이 고구려를 침범하자 영양
왕의 명을 받들어 수나라 백만 대군과 맞서 싸웠습니
다. 이것이 그 유명한 살수대첩으로, 적진의 형세를
정탐하여 후퇴작전을 펼쳐 적군을 지치게 하는 전략
을 사용하였습니다. 나는 장군으로서 나라를 지키는
책무를 다했습니다.

피고 측 변호사 김고려

음음, 내 입으로 말하긴 그렇지만 지금까지 변호사로
서 별다른 실적이 없다는 건 인정합니다. 하지만 이
재판은 열심히 준비하고 또 준비해서 을지문덕 장군
의 살수대첩처럼 빛나는 승리로 장식될 것입니다.

나는 고구려의 태학박사입니다. 영양왕의 명을 받들어 예전에 만들어진 역사책 『유기』를 정리한 『신집』을 만들었습니다. 아쉽게도 후대에 전해지지는 않고 있습니다만, 고구려 시대에도 역사 편찬이 중시되었음을 알 수 있지요.

고구려의 26대 왕이었던 나, 영양왕은 수나라의 침략에 맞서 싸우기 위해 을지문덕을 최고 사령관에 임명했습니다. 태학박사 이문진을 시켜서 오래전에 만든 『유기』라는 역사서를 고쳐 『신집』을 편찬하도록 했지요.

나는 역사공화국의 명판관 공정한입니다. 이름만큼이나 공정한 재판이 될 수 있도록 최선을 다하겠습니다. 고구려와 수나라와의 전쟁, 그리고 살수대첩이라는 흥미진진한 이번 사건을 통해 올바르고 명확한 재판이 무엇인지 여러분께 똑똑히 보여 드리지요!

"수양제가 나, 을지문덕에게
소송을 걸었소"

"원고 승소 판결합니다."

'와아' 하는 함성이 방청석에서 울려 퍼졌다. 기쁨에 겨운 원고는 두 손에 얼굴을 파묻은 채 흐느껴 울었다. 김고려 변호사는 두 손을 번쩍 들고 기쁨을 만끽했다. 방청객들이 그의 이름을 외쳐 댔다. 흥분한 그는 의자 위에 올라가 방청객들에게 손을 흔들다가 그만 떨어지고 말았다. 딱딱한 나무 바닥에 이마를 부딪치는 순간 눈앞에서 별이 번쩍 빛났다.

"아, 또 꿈이야?"

의자에 앉은 채 졸다가 먼지가 잔뜩 쌓인 사무실 바닥으로 떨어진 김고려 변호사는 이마에 난 혹을 쓰다듬으며 쓴웃음을 지었다. 눈물이 찔끔 나올 정도로 기지개를 켠 그는 파리채를 들어서 벽에 있는 거미줄을 걷어 냈다.

"또 피리 날리게 생겼군. 그냥 집에나 일찍 들어간까?"

"실례합니다. 여기가 김고려 변호사 사무실입니까?"

김고려 변호사는 의뢰인의 방문에 쥐고 있던 파리채를 등 뒤로 숨기고 책상 앞의 의자를 손으로 가리켰다.

"아, 어서 오세요. 이리 앉으시지요."

"이마는 괜찮나 모르겠소이다. 심하게 부딪친 것 같던데?"

그 얘기를 듣는 순간 김고려 변호사는 얼굴이 확 달아올랐다. 문이 열리는 소리를 못 들은 게 아니라 그가 졸고 있는 동안 의뢰인이 이미 들어와 있었던 것이다. 달아오른 얼굴을 진정시키며 그는 의뢰인과 마주 앉았다. 그는 그제야 의뢰인의 옷차림이 독특하다는 것을 알아차렸다. 쇠로 된 투구에 작은 쇳조각이 달라붙어 있는 갑옷 차림이었다. 저승에서는 대부분 편한 옷차림을 하기 마련인데 김고려 변호사를 찾아온 이 사람은 여전히 이승에서 입던 옷차림 그대로였다. 김고려 변호사는 이 독특한 의뢰인을 앞에 두고 쿡쿡 터져 나오는 웃음을 손으로 간신히 가렸다.

"안 더우세요? 머리에 쓴 투구는 진짜 쇠로 만든 겁니까? 그 갑옷도 설마 진짜 쇠는 아니겠죠?"

의뢰인은 아무 말 없이 머리에 쓴 투구를 벗어서 책상 위에 올려놨다. 투구를 슬쩍 집어 든 김고려 변호사는 만만치 않은 무게에 혀를 내둘렀다. 하얀 턱수염이 가슴까지 내려온 의뢰인은 김고려 변호사보다 적어도 20년은 더 나이가 들어 보였다. 괜히 주눅이 든 그는 예의 바르게 웃었다.

"그런데 무슨 일로 오셨습니까?"

"이름도 '김고려'이니 고구려에 관해서는 잘 알고 있겠군. 고려가 바로 고구려를 계승한 나라 아니오! 그래서 고구려와 관련한 소송을 맡기려고 찾아왔소이다."

"고구려에 관한 소송이라면 잘 찾아오셨습니다. 제 이름이 괜히 김고려 이겠습니까? 원래는 '김고구려'였는데 다들 너무 길다고 해서 한 자를 줄인 거죠. 요즘은 사람들이 이대로나 김딴지 변호사를 많이 찾긴 한다지만 역사에 관한 소송이라면 저 같은 전문가한테 맡기시는 게 좋습니다. 그래, 어떤 소송입니까?"

"양광이 나에게 소송을 걸었소이다."

"양광 말인가요? 그게 누군데요?"

무심코 말을 내뱉은 김고려 변호사는 '아차' 싶었다. 서류를 보는 척하던 그는 대충 얼버무렸다.

"아, 광개토대왕과 싸웠던 그 백제 왕……."

의뢰인의 표정을 본 그는 다시 말을 바꿨다.

"어, 주몽을 죽이려고 했던 부여 왕자 맞죠?"

의뢰인은 굳은 얼굴로 고개를 저었다.

"죄송합니다. 제가 착각했나 보군요. 머리에 든 게 많으면 다 그렇죠. 동창왕 때 고구려를 쳐들어온 중국 장수, 딩동댕! 정답 맞죠?"

잔뜩 미소를 머금었던 그는 낙담한 의뢰인의 표정에 힘이 쭉 빠졌다.

"동창왕이 아니고 동천왕이오. 그리고 그때 쳐들어온 위나라 장수는 관구검이었소이다."

쐐기를 박는 의뢰인의 말에 김고려 변호사는 낙담한 표정을 지었다.

"좋습니다. 사실대로 말씀드리죠. 제가 고구려에 대해 아는 거라곤 텔레비전에서 본 사극이 전부입니다. 김고려라는 이름은 아버지께서 지어 주신 거고요.”

그의 고백에 의뢰인은 사람 좋은 미소를 지었다.

“솔직해서 마음에 드는군. 자네가 내 소송을 맡아 줬으면 좋겠네.”

“하지만 전 고구려에 대해서 아무것도 모른다니까요.”

“지금부터 배워 나가게. 재판이 일주일 후니까 시간은 충분해.”

책상 위의 투구를 집어 든 의뢰인은 의자에서 몸을 일으켰다.

“잠깐만요. 이름이라도 알려 주셔야…….”

“내 이름은 을지문덕일세. 날 고소한 자는 수양제 양광이고.”

“을지문덕이라면…… 살수대첩! 몰라봬서 죄송합니다. 근데 뭘 믿고 저한테 소송을 맡기시는 겁니까? 만에 하나 지기라도 한다면…….”

“내가 자네를 믿고 있으니까 자네도 스스로를 믿게.”

을지문덕 장군은 의미심장한 말을 남기고 사무실 밖으로 나갔다. 엉거주춤 일어났던 김고려 변호사는 의자에 털썩 주저앉았다. ‘과연 해낼 수 있을까?’ 하는 두려움을 느꼈지만 의뢰인이 자신을 ‘믿는다’는 마지막 말 한마디에 힘을 얻었다. 혹시나 찾아올 의뢰인에게 일이 많다는 걸 보여 주기 위해 책상 위에 가득 쌓아 놓은 쓸데없는 서류와 책들 사이를 뒤적거리던 그는 먼지가 쌓인 책들 사이에서 『삼국사기』를 찾아냈다.

“찾았다. 일단 이것부터 시작해 봐야겠군.”

고구려의 힘과 정신

고구려는 남쪽으로는 백제와 신라와 닿아 있고, 북쪽으로는 거란과 부여 등과 접해 있는 나라였습니다. 이렇게 여러 나라와 닿아 있는 만큼 분쟁도 많았고, 전쟁도 잦았지요. 하지만 고구려는 강인했습니다.

강인한 고구려의 힘은 어디서 나온 걸까요? 고구려 사람들은 스스로를 고조선의 후손이라고 생각하였고, 고조선이 중국의 한나라에 빼앗겼던 땅을 되찾기 위해 노력하였지요. 그 결과 광개토대왕과 장수왕 때는 고조선의 영토를 거의 되찾기도 하였습니다. 또한 고구려 사람들은 늘 무예를 중요시 여겨 말 타기와 활쏘기 훈련을 게을리하지 않았답니다. 그 결과 고구려는 강한 군사력을 가질 수 있었지요.

이렇듯 강인한 정신력과 군사력으로 무장한 고구려였지만 큰 시련을 피할 수는 없었습니다. 6세기 말, 고구려에서는 왕위 계승 문제를 놓고 귀족들 간의 치열한 다툼이 벌어졌기 때문입니다. 고구려가 혼란에 빠지자 중국의 수나라 문제는 중국 대륙을 통일한 기세를 몰아 고구려 정벌에 나서지요. 고구려는 수나라 군대에 맞서 용감하게 싸웠지만 그 이후에도 고구려를 노리는 수나라의 야심은 멈출 줄 몰랐습니다.

612년 1월, 문제의 뒤를 이은 수나라의 양제는 113만 대군을 이끌고 고구려를 침략했습니다. 군사들의 수가 많아 수나라를 출발하는 데만 40일이 걸렸을 정도라고 전해지지요. 수나라 양제는 선왕인 문제가 이루지 못한 고구려 정벌의 꿈을 이루기 위해 요동성을 공격합니다. 하지만 요동성의 철벽 수비에 수나라 군대는 초조해지기 시작했지요. 결국 양제는 우중문으로 하여금 30만 명의 별동대를 구성하여 평양성으로 직접 진격할 것을 명했습니다. 하지만 을지문덕의 유인 전술과 거짓 패배에 말려든 수나라 군사는 금방 지치고 말았지요. 수나라의 장군인 우중문은 결국 고구려에서 군사를 철수시키기로 결정하게 됩니다.

고구려에서 철수한 수나라 군사들은 오늘날의 청천강인 살수강을 건너 되돌아가고 있었습니다. 을지문덕은 바로 이때를 노려 강둑을 터뜨렸고, 수나라 군대를 크게 무찌를 수 있었습니다. 이 전투가 바로 '살수대첩'입니다. 이때 살아 돌아간 수나라 병사가 고작 2,700명에 불과할 정도라고 하니 수나라의 피해가 얼마나 컸는지 잘 알 수 있지요.

원고 ㅣ 수양제	대리인 ㅣ 이중화 변호사
피고 ㅣ 을지문덕	대리인 ㅣ 김고려 변호사

청구 내용

나는 수나라를 개국한 문제 양견의 둘째 아들입니다. 스물의 나이에 대군을 이끌고 양자강을 건너 남조를 멸망시키고 중국을 통일했지요. 하지만 주변의 나라들은 우리의 통일을 두려워했습니다. 고구려도 그중 하나였어요. 중국에게 고구려는 여러 세대에 걸친 고민거리이자 골칫거리였습니다.

604년에 아버지 문제가 돌아가시고, 난 수나라의 두 번째 황제로 즉위했습니다. 나에게는 하고 싶은 일이 많았고, 역사 속에서 명군으로 남고자 하는 소망도 있었습니다. 하지만 지금 나에게 남은 건 '폭군 중의 폭군'이었다는 오해와 비난뿐입니다.

그중 하나가 이웃 나라인 고구려를 침략해서 괴롭혔다는 것이지요. 고구려는 말갈과 거란족을 시켜서 변방을 약탈하고 백성을 잡아갔습니다. 돈으로 무기 기술자들을 매수해서 데려가고, 사신을 보낸다는 핑계로 염탐도 했지요. 나는 어떻게든 고구려를 꺾어야겠다고 마음먹었습니다.

물론 결과는 참담했습니다. 특히 평양성을 공격하라고 보낸 별동대 30만 명이 살수에서 패배했던 것은 나로서도 견딜 수 없는 일이었습니다. 그럼에도 불구하고 계속 고구려를 공격한 것은 한번 수나라가 꺾이면 고구려가 다시 기고만장해질 것 같아서였습니다. 결국 고구려를 포기하지 못했던 것이 나를 파멸시켰지요.

지금 나의 마지막 소원은 수나라 황제로서 고구려를 침략했던 것을 정당하게 평가받고 명예를 회복하는 것뿐입니다. 이에 나는 고구려의 장군인 을지문덕에게 나의 명예를 손상시킨 것에 대한 정신적 손해 배상을 청구하고자 합니다.

입증 자료

- 고려 시대 김부식이 쓴『삼국사기』「고구려 본기」
- 진나라 사람인 진수가 쓴『삼국지』「위지동이전」고구려 편
  그 외 자료 추후 제출하겠음.

위 청구인 수양제
역사공화국 한국사법정 귀중

수나라는 왜 고구려를 공격했을까?

1. 작은 나라는 무조건 큰 나라를 섬겨야 할까?
2. 고구려는 중국의 골칫거리였을까?

작은 나라는 무조건
큰 나라를 섬겨야 할까?

"어머, 카이사르 잘 지내고 있었어요? 클레오파트라가 안부 좀 전해 달라던데요."

붉은 공단 드레스에 프랑스산 향나무 부채를 든 엘리자베스 1세의 말에 카이사르 역시 쾌활한 표정으로 대꾸했다.

"안부요? 나에게 소송을 걸어 놓고는 넉살도 좋군요. 법정 분위기가 어떤지 살펴보려고 왔습니다. 여왕께서는 여기 웬일이십니까?"

"호호호, 나도 메리 스튜어트 여왕에게 소송을 당했어요. 결혼할 생각도 없으면서 사람들을 속였다나? 나도 카이사르처럼 분위기나 파악하려고 나와 봤죠. 어머나, 루스벨트 대통령도 오셨군요. 무릎은 좀 어떠세요?"

말끔한 정장에 나비넥타이를 맨 루스벨트 대통령이 검은색 지팡

이로 무릎을 툭툭 치면서 대답했다.

"역사공화국에 오니 소아마비에 걸린 다리가 밀찡해져서 살 것 같습니다. 엘리자베스 1세도 저랑 동병상련이시군요. 전 일본군의 진주만 습격을 미리 알고 있었으면서도 미국이 전쟁에 참전할 구실로 삼으려고 모른 척했다는 이유로 소송을 당했어요. 재판정 분위기가 어떤지 보려고 겸사겸사 나와 봤습니다. 그나저나 오늘 재판 어떻게 보십니까?"

"동양은 역시 스케일이 커요. 나한테 백만 명이 있었다면 갈리아(오늘날의 프랑스 지역)나 브리타니아(오늘날의 잉글랜드 지역)는 물론, 게르만 족(라인 강 동쪽 독일 지역에 거주하던 민족)이나 파르티아(이란 지역에서 기원한 고대 왕국)까지도 정복할 수 있었을 텐데요."

카이사르가 훌쩍 벗겨진 머리를 손바닥으로 쓸면서 말했다. 여왕이 부채를 흔들며 맞장구를 쳤다.

"백만이나 되는 군대를 동원한 수나라도 대단하지만 그걸 막아 낸 을지문덕이라는 고구려 장군도 대단한 것 같아요. 나한테 그런 장군이 한 명만 있었어도 스페인 때문에 골치를 썩지는 않았을 텐데요."

"그래도 여왕의 함대는 바다에서는 무적이었잖습니까. 전 **태평양 전쟁** 초반에 일본 해군 때문에 잠을 설친 적이 한두 번이 아니었습니다."

루스벨트 대통령의 얼굴이 잔뜩 일그러졌다. 여왕 역시 생전의 기억 때문인지 깊게 한숨을 내쉬었다. 분위기가 무거워지자 흘러내리

태평양 전쟁

태평양 전쟁은 1941년 일본이 하와이 진주만에 위치한 미국 함대를 기습하면서 벌어진 전쟁을 말합니다. 전쟁 초기에는 미국이 불리했지만, 1942년 6월에 미드웨이 해전에서 승리하면서 미국은 전세를 역전시키지요. 1945년에 미국이 투하한 원자폭탄이 히로시마와 나가사키에 떨어지고, 이를 계기로 1945년 8월 15일, 일본은 항복을 선언합니다.

토가

로마 시민들이 입던 걸옷을 말해요. 로마 시민들은 단추를 달거나 꿰매지 않은 긴 천을 몸에 둘렀는데, 천의 재질이나 물들인 염료의 재료에 따라 신분을 구분하기도 했습니다.

는 토가 자락을 움켜쥔 카이사르가 말했다.

"자자, 재판이 시작될 모양입니다."

이때, 카이사르와 엘리자베스 1세 같은 유명 인물들의 뒤쪽에 앉은 방청객들이 이구동성으로 외쳤다.

"이게 말이 되는 재판이야?"

보통 국적이나 인종에 따라 첨예하게 갈리던 의견이 이번 재판에서는 거의 일방적이었다. 고구려 출신 영혼이나 수나라 출신 영혼 모두 한목소리로 수양제를 비난한 것이다. 그 시대를 살지 않은 중국 출신의 영혼들이 간간이 그들을 진정시켰다. 하지만 대운하와 궁전을 짓다가 죽은 수나라 영혼들이 상처 난 등과 손을 보여 주며 화를 내자 입을 다물어야만 했다.

사람들이 비난하는 것을 아는지 모르는지, 수양제는 조용히 눈을 감은 채 원고석에 앉아 있었다. 공정한 재판을 위해 시대와 문명을 초월한 배심원들이 배심원석에 자리 잡았다. 잠시 후 법정 경위의 우렁찬 목소리가 재판정 안에 울려 퍼졌다.

"판사님께서 들어오십니다. 모두 자리에서 일어나 주십시오."

사람들이 일제히 자리에서 일어났다. 검은 법복에 두꺼운 판례집을 든 판사가 자리에 앉자 법정 경위가 다시 큰 목소리로 착석하라고 외쳤다. 모두 자리에 앉자, 판사는 안경 너머로 판례집 사이에 끼워 온 소장을 집어 들었다.

판사　재판을 시작합니다. 본 재판은 수양제가 고구려 장군 을지

문덕에게 소송을 제기해서 열리게 되었습니다. 먼저 원고 측 변호인이 소송을 건 이유와 목적을 말해 주십시오.

깔끔한 검은 양복에 노란 넥타이를 맨 원고 측 변호사 이중화는 판사에게 정중하게 고개를 숙인 후 배심원과 방청석을 쳐다봤다.

이중화 변호사 존경하는 판사님, 그리고 멀리까지 와 주신 배심원과 방청객 여러분. 이 재판이 열린다는 소식을 듣고 의아하게 생각한 분들도 분명 있을 것입니다. 감히 위대한 영웅을 상대로 소송을 제기했다고 말입니다. 여기가 이승이었다면 아마 재판은 성립조차 되지 않았을지도 모르겠군요. 하지만 이제 1400년이 지났습니다. 수나라와 고구려의 전쟁으로 너무나 많은 사람들이 죽었지만 아픔을 치유하기에 충분한 시간이 흘렀다고 봅니다. 여러분의 냉정한 이성이 정의로운 판단을 내릴 수 있는 시간이 온 것이지요.

저의 의뢰인이 역사적으로 비난을 받는 것은 크게 두 가지입니다. 하나는 무리하게 고구려를 정벌해서 많은 백성을 죽였다는 것이고, 또 하나는 중국의 남북을 잇는 대운하를 파고 수도인 대흥성을 건설하는 등 대대적인 토목 공사를 일으켜 백성을 힘들게 했다는 것입니다. 인간으로서 다른 인간을 괴롭히고 죽음에 이르게 한 것은 당연히 잘못된 일입니다. 하지만 통치자로서 먼 미래를 내다보고 내린 결정이었다면 무조건 잘못했다고 손가락질해서는 안 될 것입니다. 왜 수나라가 고구려를 정벌할 수밖에 없었는지, 그리고 결과가 좋지 못했다는 이유로 통치자로서 내린 결단마저 비난받아야 하는지, 판사님께서 공정하게 판결을 내려 주셨으면 합니다.

김고려 변호사   판사님, 원고 측 변호인은 시작부터 말도 안 되는 궤변으로 일관하고 있습니다. 원고는 당대는 물론이고 이후에도 변함없이 '폭군 중의 폭군'으로 거론되는 인물입니다.

판사   자자, 차차 얘기해 보면 되겠지요. 원고는 수나라가 고구려를 공격한 것이 정당한 통치 행위였다며 소송을 제기했는데요. 먼저 이 부분에 대해 말해 보면 좋겠군요.

김고려 변호사   말도 안 됩니다. 엄연히 독자적인 주권을 가진 다른 나라를 침략한 것이 정당한 통치 행위라니요!

이중화 변호사   판사님, 피고 측 변호인의 말 중 '침략'이라는 단어는 부정적인 선입견을 심어 줄 수 있으므로 주의를 주시기를 요청드립니다.

판사   인정합니다. 피고 측 주장이 사실로 밝혀지기 전까지는 적절한 표현이 아닌 것 같습니다. 주의하기 바랍니다.

이중화 변호사   감사합니다. 그럼 원고가 왜 고구려를 정벌해야만 했는지 설명하도록 하겠습니다. 국가 간의 평화를 유지하는 방법은 간단합니다. 서로 인정하고 존중하면 됩니다. 작은 나라는 큰 나라의 힘을 인정해 주고, 반대로 큰 나라는 작은 나라들을 보호해 주면 되는 것이지요. 이 때문에 자존심이 상할 이유는 없습니다. 아시아의 중심 국가가 중국임은 더 말할 필요가 없지 않을까요? 이는 지난 수천 년 동안 명백한 진실이었습니다.

중화주의
중화주의란 중국에서 나타난 자문화 중심주의로, 중국이 세상의 중심이며 가장 발달한 문화를 갖고 있다는 주장입니다.

동이
한민족 전체를 뜻하기도 하지만 고구려가 신라를 낮춰 부를 때도 동이라는 명칭을 썼어요. 5세기 후반에 세워진 것으로 알려진 중원 고구려비에 그 명칭이 보입니다.

김고려 변호사　　말도 안 되는 억지입니다. 중화주의는 주변국들을 야만인이라고 천시하는 데에서 출발합니다. 처음부터 잘못된 사실을 전제로 차별을 정당화하는 발언은 삼가 주십시오.

이중화 변호사　　그럴 줄 알고 몇 가지 자료를 준비해 왔습니다. 1954년 영국의 학자 조지프 니덤이 발표한 『중국의 과학과 문명』을 보면 왜 중국이 아시아의 중심 국가이고, 주변국들이 중국의 영향력 아래에 있을 수밖에 없는지 알 수 있습니다. 조지프 니덤에 따르면 인쇄술, 나침반, 화약, 종이 같은 세계 4대 발명품을 비롯해 오늘날 인류가 누리는 문명의 많은 부분이 중국인의 손에서 탄생했습니다.

판사　　중국에 과학이 발달한 것과 중화주의가 무슨 관련이 있습니까?

이중화 변호사　　만약 중국의 문명이 없었다면 서양의 문명은 그 빛나는 성과를 보여 주지 못했을 겁니다. 중국의 주변국들은 중화주의라는 말을 들으면 고개를 절레절레 흔들지만, 사실 중화주의는 학문적인 고뇌에서 시작된 것입니다. 그리고 우리와 남이 다르다는 구분은 유독 중국에만 존재했던 게 아니에요. 그리스 또한 마케도니아나 페르시아 인들을 야만인이라는 뜻의 바르바로이라고 불렀습니다. 멀리 갈 것도 없이 고구려도 신라를 동이(東夷)라고 부르지 않았습니까?

이중화 변호사의 논리적이고 날카로운 공격에 김고려 변호사의 얼굴이 어두워졌다.

이중화 변호사　중화주의는 춘추 전국 시대의 혼란스러움 속에서 탄생했습니다. 다른 이들과 어떻게 하면 공존할 수 있는지를 고민하면서 시작되었지요. 거기에 공자의 유학이 곁들여지면서 온건한 성격을 띠게 된 것입니다. 여러분, 혹시 '왕화'라는 말을 들어 보셨습니까?

방청객들이 서로의 얼굴을 쳐다보면서 웅성거렸다.

이중화 변호사　간단하게 말씀드리면 이겁니다. 왕자의 덕으로 백성을 다스리고, 중국 외의 이민족들에게도 은혜를 베푼다는 것이지요. 창칼로 다른 민족을 지배하고 식민지를 늘려 나갔던 서양과 비교하면 얼마나 온건합니까?

김고려 변호사　판사님, 중국이 주변국들에게 은혜를 베풀었다는 것은 원고 측의 일방적인 주장에 불과합니다. 모든 문화가 다 중국에서 시작된 것도 아닐뿐더러 주변국이 중국에 무조건 복종해야만 한다는 것 역시 중화주의 시각이 담긴 환상에 불과합니다.

이중화 변호사　그렇다면 상대 측 변호인은 고구려인 중에도 중국의 강대함을 인정하고 평화로운 공존을 주장했던 사람이 있었다는 사실을 알고 있는지 모르겠네요. 판사님, 고구려 동천왕의 신하였던 득래를 증인으로 신청하겠습니다.

판사　알겠습니다. 증인은 앞으로 나와서 증인 선서를 하고, 간단히 자기소개를 하기 바랍니다.

득래　오직 진실만을 말할 것을 엄숙히 맹세합니다. 나는 고구려 동천왕의 신하였던 득래라고 합니다.

이중화 변호사　증인은 이 자리에 서기까지 많은 고민을 했던 것으로 알고 있습니다. 용기에 감사드리며 질문을 하겠습니다. 동천왕은 재위 기간 내내 중국을 괴롭혔는데요. 증인은 왕의 이러한 행동을 말렸다고 들었습니다. 사실입니까?

득래　그렇습니다. 동천왕은 할아버지뻘인 태조왕과 닮았다는 소리를 많이 들었지요. ▶잘 아시다시피 태조왕은 주변국을 평정하여 영토를 넓혔고, 요동군과 현도군을 자주 침략했습니다. 동천왕에게 태조왕을 닮았다는 평을 내린 사람들은 동천왕 또한 태조왕처럼 영토를 넓혀서 고구려의 힘을 사방에 떨치게 하리라는 기대를 갖고 있었습니다. 어린 시절부터 그런 기대를 받고 자랐기 때문인지 동천왕은 요동의 호족인 공손씨는 물론 위나라와도 전쟁을 벌였습니다. 나는 왕의 그런 행동이 결국 고구려를 위기에 몰아넣을 것이라고 생각해 왕을 만류했지요.

이중화 변호사　증인이 그렇게 판단한 이유는 무엇입니까?

득래　그들의 힘을 직접 봤기 때문입니다. 왕이 즉위한 지 12년이 되던 해, 위나라가 요동의 공손씨를 공격한 적이 있었는데, 동천왕은 군대를 보내 위나라를 도왔습니다. 나는 그때 위나라 군대의 위력을 두 눈으로 똑똑히 보았습니다.

교과서에는

▶ 고구려 태조왕은 활발한 정복 활동을 펼쳤는데요. 물자가 풍부하고 토지가 비옥한 동예와 옥저를 정복하였으며, 요동 지방으로 진출을 시도했습니다. 태조왕의 정복 활동 과정에서 군사력과 경제력이 커졌고, 이를 토대로 고구려는 왕권을 안정시킬 수 있었습니다.

왜 을지문덕은 살수에서 물길을 막았을까?

이중화 변호사　　그것을 본 증인은 고구려가 위나라를 절내 이기시 못할 것이라고 판단했군요.

득래　　네. 그 당시 위나라는 지방 곳곳에 관리를 보내 조세를 걷고 병사들을 뽑았습니다. 그렇게 뽑은 병사들은 왕의 장군에게 지휘를 받았어요. 한마디로 모든 게 체계적이었죠. ▶그에 비해 고구려는 아직 '부'의 전통이 남아 있었습니다. 왕이 부의 협조를 구해야만 조세를 걷고 군대를 동원할 수 있었어요. 필요하면 서찰 한 통으로 병사들을 모을 수 있는 위나라와 5부의 이해관계가 복잡하게 얽힌 고구려가 싸운다면 누가 이기겠습니까?

이중화 변호사　　그렇습니다. 동천왕도 두 번 승리했지만 결국 **관구검** 장군의 반격을 받아 완전히 패퇴하고 말았는데요. 겨우 위기를 벗어나긴 했지만 왕이 동옥저까지 피신하는 등 그 피해는 엄청났던 것으로 알고 있습니다. 그걸 지켜 본 증인의 가슴은 찢어졌겠습니다.

득래　　나는 다행히 그 모습까지는 보지 못했습니다. 왕이 나의 진심 어린 충고를 듣지 않자 단식을 하다가 눈을 감았거든요. 눈을 감기 직전에 도읍인 환도성이 온통 불에 타고 폐허가 되는 환상을 봤습니다. ▶▶결국 왕이 분수를 모르고 나서다가 환도성도 불타고, 불쌍한 백성도 죽음을 당한 것이지요.

이중화 변호사　　증인의 솔직한 증언에 감사드립니다. 판

관구검

관구검은 위나라 상군입니다. 사마의와 함께 요동에서 세력을 떨치던 공손씨를 토벌하고 유주 자사로 임명되었습니다. 후일 위나라를 장악한 사마씨에게 반란을 일으켰다가 패배하고 죽음을 당해요.

교과서에는

▶ 고구려는 초기에 5부의 지배 집단이 있었습니다. 각 부는 각자 자신의 영역을 지배하며 관리를 거느리고 있었지요. 그러나 왕권이 점점 강해지면서 고국천왕 때에 5부의 성격은 부족적인 것에서 행정적인 것으로 변했습니다.

▶▶ 3세기 중반에 고구려는 위나라의 침입을 받아 그 세력이 위축되었습니다. 그러나 중국이 5호 16국 시대를 맞으며 혼란스러워지자 그 틈을 타서 다시 대외 팽창을 꾀했습니다.

사님, 중국의 강력함을 인정하고 평화롭게 공존해야만 한다는 건 주변국 사람들도 잘 아는 사실이었습니다. 다만 일부 사람들만이 그걸 인정 안 할 뿐이었지요.

판사　피고 측 변호인 반대 신문 하겠습니까?

　　판사의 말에 김고려 변호사는 애매한 미소를 지으며 자리에서 일어났다.

왜 을지문덕은 살수에서 물길을 막았을까?

김고려 변호사　　죄, 죄송합니다만 누가 증인으로 나올지 미처 확인을 못 했네요. 그냥 넘어가 주십시오.

"뭐야, 변호사가 증인이 누구인지도 모른대."

방청석에서는 어이가 없다는 듯 웃음소리가 터져 나왔다. 뒤통수를 긁적거린 김고려 변호사가 을지문덕에게 미안하다는 표정을 지어 보였다. 판사는 작게 한숨을 내쉬며 말을 이었다.

판사　　소송 대리인이 증인을 제대로 확인하지 않았다니 자질이 의심스럽군요. 그럼 반대 신문을 할 게 없을 것 같으니 넘어가도록 하겠습니다. 원고 측 변호인은 더 할 말 있습니까?

이중화 변호사　　물론입니다. 제가 제출한 서류 85-34번을 확인해 주시기 바랍니다.

판사　　음, 여기 있군요. 원고 측 변호인, 요약해서 설명해 주세요.

중원 고구려비

중원 고구려비는 국내에 유일하게 남아 있는 고구려의 비석입니다. 1979년에 충청북도 중원군 입석 마을에서 발견되었지요. 이 마을은 마을 입구에 큰 돌이 세워져 있어서 입석 마을이라고 불렸습니다. 유적 답사를 위해 이 마을을 지나던 역사학자들이 이 돌에서 희미하게 새겨진 비문을 발견했고, 비문을 해석한 결과 이 돌이 고구려 시대에 세워진 비석이라는 사실을 알게 되었습니다. 고구려 제20대 왕인 장수왕이 남한강 근처에 있는 성들을 정복한 후, 이를 기념하며 세운 비석으로 추정됩니다. 광개토대왕릉비와 비슷하게 생긴 이 비석에는 네 면에 모두 비문이 새겨져 있는데요. 비문에는 고구려와 신라의 관계가 드러나 있습니다. 고구려의 왕은 태왕(太王)으로 지칭하는 한편 신라는 동이(東夷), 즉 동쪽에 있는 오랑캐로 표현한 것이지요. 이는 고구려 사람들의 독자적인 세계관을 반영한 비문으로 볼 수 있습니다.

중원 고구려비

고구려는 중국의
골칫거리였을까?

이중화 변호사　　우선 공정성에 의문을 제기할 것 같아서 김부식이 쓴 『삼국사기』 「고구려 본기」 기록을 인용했음을 밝힙니다. 고구려 군은 49년 모본왕 때 북평, 어양, 상곡, 태원을 습격했습니다. 하지만 요동 태수 채동은 무력을 동원하지 않고 신의를 베풀어서 이들을 돌려보냈지요. 하지만 그다음 왕인 태조왕이 또 한나라를 습격해 백성을 잡아갔지요. 참다 못한 요동 태수와 현도 태수는 군대를 일으켜 고구려를 토벌했지만 태조왕은 계속해서 중국을 침략했습니다. 결국 부여가 나서서 고구려의 후방을 끊은 다음에야 고구려는 침략을 멈추었지요. 즉 고구려는 변방을 약탈하고 백성을 잡아갔다가 공격을 받으면 다시 항복하기를 반복하면서 자신들의 욕심을 채워 나갔던 것입니다. 판사님, 제가 지금 굵직한 것들만 말씀드려서 이 정도지, 자잘한 기록까지 포함하면 훨씬 더 많습니다.

판사 그게 사실이라면 고구려는 매우 공격적인 나라였군요.

이중화 변호사 그뿐만이 아닙니다. ▶광개토대왕 때에는 선비족의 일파인 모용씨가 세운 연나라를 핍박해서 요동을 장악했고요. 그 아들인 장수왕은 중국이 분열된 틈을 타서 남북조를 오가면서 실리를 챙겼습니다. 그 이후에도 비슷한 행보를 보였습니다. 저기 앉은 원고의 아버지 양견이 수나라를 세우고 남조인 진을 멸망시킨 이후에도, 고구려는 정신을 차리지 못하고 거란과 말갈을 동원해 변방을 습격하고 첩자를 보내 수나라 안팎을 들여다봤습니다.

판사 그러니까 원고 측 변호인이 하고 싶은 말은 612년에 수나라가 고구려를 쳐들어간 게 맞긴 하지만 이전의 역사를 들여다보면 수나라가 고구려를 침공한 것은 그동안 당한 것에 대한 보복이었다, 이겁니까?

이중화 변호사 맞습니다. 사람들은 결과만 놓고 수나라를 비난하지만, 수나라가 아무 이유 없이 백만이나 되는 대군을 동원해서 고구려를 공격했을까요? 그 이전부터 계속 쌓여 온 것들이 결국 전쟁을 부른 것입니다. 전쟁의 근본적인 원인은 틈만 나면 중국을 침략한 고구려에게 있습니다.

김고려 변호사 판사님, 억지입니다. 고구려만 중국을 공격한 것이 아닙니다. 중국도 계속해서 고구려를 공격했습

니다. 태조왕 때 한나라 유주 자사 풍환과 요동 태수 채풍, 현도 태수 요광도 고구려에 쳐들어와서 예맥의 군장을 죽이고 약탈한 적이 있었습니다. 신대왕 때에도 한나라 대군이 쳐들어와서 도성을 포위했다가 이기지 못하고 돌아간 적이 있고요. 상대 측 변호인은 지금 원고에게 유리한 기록만 언급하고 불리한 기록은 쏙 빼 버렸습니다. 거기다 수나라는 30년밖에 안 된 왕조입니다. 아무 연관이 없는 예전 왕조의 일들을 들먹이면 어쩌자는 얘깁니까?

자사

한나라 때 각 주(州)에 둔 감찰 관입니다. 처음에는 태수보다 낮은 직책이었지만 점차 지위가 높아져서 한 주의 장관 역할을 했습니다.

김고려 변호사의 반발에 이중화 변호사는 혀를 찼다.

이중화 변호사   그렇게 말할 줄 알았습니다. 판사님, 고구려가 중국에 얼마나 골칫거리였는지 증언해 주실 분이 있습니다. 당나라의 두번째 황제 태종 이세민을 증인으로 신청하였으니 지금 불러 주시기 바랍니다.

판사   좋습니다. 증인은 나와서 선서를 해 주세요.

증인석으로 걸어 나온 당나라 황제 이세민이 증인 선서를 했다.

판사   증인은 자리에 앉아도 좋습니다. 변호인은 증인 신문을 시작하세요.

이중화 변호사   증인은 재위 기간 동안 고구려 때문에 골머리를 앓았지요?

당태종   고구려는 그 이름만 들어도 지긋지긋하오. 고구려를 길들이는 것은 해야 할 일이긴 했지만 가장 어려운 일이었지. 결국 나도 그 때문에 죽은 거나 다름없고 말이죠.

이중화 변호사   그런데 당나라는 왜 그토록 고구려와 싸웠나요?

당태종   고구려 문제는 반드시 해결해야만 했습니다. 무릇 군주라면 백성을 편안하게 해 주어야 하고, 그러기 위해서는 반드시 주변국들을 평정해야만 했소. 특히 북방의 야만인들은 늘 풍요로운 우리 땅을 호시탐탐 노렸지. 그리고 그들의 배후에 고구려가 있었습니다.

이중화 변호사　　그러니까 중국을 침략한 북방 유목민들의 배후에 고구려가 있었다는 말이군요.

김고려 변호사　　이의 있습니다. 지금 증인은 확실하지 않은 이야기를 마치 사실인 것처럼 말하고 있습니다.

판사　　증인은 확인되지 않은 사실에 대해서는 개인의 의견이라는 점을 사전에 분명히 밝혀 주기 바랍니다. 변호인은 계속하세요.

이중화 변호사　　흠…… 알겠습니다. 증인은 왜 고구려가 배후 세력이라고 생각하게 된 것입니까?

당태종　　당나라가 건국되었을 때 가장 골칫거리는 돌궐, 특히 동돌궐이었소. 우리는 그들에게 잠자코 있어 달라는 의미로 선물을 몇 번 보냈는데, 그들은 우리가 약해서 그런 줄 착각하고는 번번이 침입했습니다. 그리고 내가 아버지로부터 양위를 받아서 황제에 즉위하자, 힐리 가한이 이끄는 동돌궐군이 장안성 코앞까지 쳐들어왔어요. 난 백성을 위해서 굴욕을 참고 그들과 화친을 맺었습니다. 사나운 유목민들은 호시탐탐 중국을 노렸고, 그걸 막는 게 바로 황제의 첫 번째 의무였지요.

이중화 변호사　　그럼 고구려가 돌궐과 같은 유목민들이 중국을 공격하도록 만들었다는 말씀인가요?

당태종　　그렇지요. 내가 왜 북방 야만인들의 배후 세력으로 고구려를 지목했는지 궁금하시오? 멀리 갈 것도 없이 원고로 나온 양광이 수나라 황제 노릇을 했던 때였소. 그때가 607년쯤이었을 거요.

동돌궐
돌궐족은 유목 민족으로 한때 수나라를 위협할 정도로 강력한 세력을 자랑했지요. 그러나 6세기 후반에 동돌궐과 서돌궐로 나뉘어져서, 동돌궐은 수나라의 신하가 되었다가 결국 당나라에 복종합니다. 7세기 후반에 다시 독립하여 세력을 떨치지만 8세기에 들어 내분으로 인해 결국 멸망했지요.

가한
칸이라고도 부릅니다. 옛날 몽골, 위구르 등에서는 군주를 가한이라고 불렀어요.

▶돌궐 추장인 계민 가한의 처소를 방문했다가 고구려 사신과 마주친 적이 있었습니다. 고구려가 그 멀리까지 사신을 보낸 이유가 무엇 때문이었겠소? 고구려가 돌궐에 재물을 안겨 우리 중국을 공격하려 했다는 건 불 보듯 뻔한 일이지요.

이중화 변호사　　고구려가 무슨 이유로 북방 유목민들을 충동질했을까요?

당태종　　고구려는 중국이 하나로 뭉칠까 봐 늘 두려워했지요. 중국이 여러 나라로 나뉘어 있으면 자기들에 대한 압력도 줄고, 줄타기 외교를 하면서 원하는 걸 쉽게 얻을 수 있을 테니까 말이오. 예를 하나 들어 보겠습니다. 중국이 남북조로 갈라져 있을 때의 일이오. 고구려의 장수왕은 남조와 북조에 각각 사신을 보내 자기의 이득을 취했지요. 양쪽은 모두 고구려를 자기편으로 끌어들이기 위해 안간힘을 썼고 말이지요.

이중화 변호사　　그렇다면 중국의 입장에서는 북방의 유목 민보다 고구려가 더 미웠겠군요.

당태종　　사실 **연개소문**이 갑자기 정권을 잡기 전까지는 나쁘지 않았지요. ▶▶영류왕은 수나라 포로도 송환해 줬고, 수나라를 물리친 것을 기념하여 세운 경관을 허물라는 내 요구도 받아들였습니다. 하지만 연개소문이 정권을 잡은 이후에 상황이 안 좋게 돌아갔어요. 우리는 왕을 시해하고 불충을 저지른 자가 허수아비 왕을 세우는 것을 그냥 지켜

볼 수만은 없었습니다. 게다가 연개소문은 내가 보낸 사신들을 홀대하고 심지어는 토굴에 가두기까지 했지요. 백제와 손을 잡고 신라를 공격하지 말라는 내 명령도 거역했고 말이에요.

이중화 변호사 그럼 어떤 식으로든 고구려를 처리해야 했겠군요.

당태종 그렇소. 거기다 진짜 큰 문제가 하나 더 있었지요. 북방의 유목민들은 어떤 면에서는 다루기 쉬웠어요. 지조가 없어서 힘으로 억누르면 순종했고, 재물을 안겨 주면 좋아했으니까요. 그래서 나는 630년에 동돌궐이 무너지고 돌궐인들이 중국으로 몰려왔을 때 그들에게 재물과 관직을 아끼지 않았습니다. 사납기는 했지만 잘 구슬리면 여러모로 쓸모가 많았으니까요. 하지만 고구려인들은 달랐습니다.

이중화 변호사 어떻게 달랐습니까?

당태종 그 자부심, 넘쳐흐르는 자부심이 남달랐습니다. ▶645년에 우리는 <u>파죽지세</u>로 고구려를 공격했지요. 수양제도 함락시키지 못한 요동성을 함락시켰고, 백암성은 <u>스스로</u> 항복했어요. 남은 건 안시성뿐이었지요. 연개소문이 고연수와 고혜진 두 장수에게 15만 대군을 주어서 안시성을 구원하라고 명했습니다. 하지만 우린 안시성 옆에 있는 주필산에서 고구려군을 격파했어요. 그 후에는 안시성도 다른 성들처럼 손쉽게 함락시키거나 아니면 항복할 줄 알았습니다. 그런데 싸우고 또 싸워도 안 넘어오더군요. 회유를 해 보

파죽지세
대나무를 쪼갤 때의 거침없는 기세로 맹렬히 적을 물리치는 것을 말합니다.

교과서에는

▶ 당나라 태종은 직접 군대를 이끌고 고구려를 침략해서 요동 지역의 성을 공격했습니다. 요하를 건넌 당의 군대는 안시성을 공격했지만 안시성의 군민은 60일이 넘도록 완강히 저항했지요. 결국 고구려는 당의 군대를 물리칠 수 있었습니다.

고, 으름장도 놓았지만 소용이 없었어요.

이증화 변호사　　고구려인들은 왜 그렇게 죽기 살기로 싸웠을까요?

당태종　　나도 돌아오면서 그 이유를 곰곰이 생각해 봤는데 바로 '고구려인들의 남다른 자부심 때문이 아니었을까' 하고 결론 내렸습니다. 그들은 하늘의 신과 물의 신이 자신들의 조상이라고 굳게 믿었고, 어린 시절부터 **경당**에 다니면서 그 사실을 배우고 또 배웠지요. 그런 마음을 가진 병사들이 지키고 있는 성은 **난공불락**이 될 수밖에 없겠지요. 내가 관직이나 재물로 아무리 유혹하려고 해도 소용이 없었습니다. 그 많은 성주들 중 오직 백암성주만 회유에 넘어왔지요. 다들 죽을 각오로 싸우다가 죽거나, 혹은 도망쳤다가도 다시 싸우러 돌아왔습니다. 난 그들이 두려워지기 시작했습니다. 그러나 그럴수록 더더욱 고구려를 무너뜨려야겠다고 마음먹었지요. 물론 나는 결과적으로 실패했지만 내 아들, 더 정확하게는 내 며느리인 **측천무후**가 결국 고구려를 무너뜨렸지요.

이중화 변호사　　그렇군요. 제 의뢰인 또한 증인과 같은 생각으로 고구려를 공격했던 것입니다. 하지만 결과가 좋지 않아 지금까지 비난을 받고 있지요. 원고에 대한 증인의 생각을 듣고 싶습니다.

당태종　　사실 공격을 준비하면서 수나라의 사례를 많이 참고했습니다. 말들이 많긴 하지만 나는 군주에게 피나 눈물은 사치에 불과하다고 생각하지요. 요즘은 지도자를 백성이 직접 뽑아서 그런지 눈

경당
고구려의 민간 교육 기관입니다. 평민층의 남자들이 이곳에서 문학과 무예를 배웠지요.

난공불락
공격하기가 어렵고 쉽게 함락되지 않는 것을 말하지요.

측천무후
중국 역사의 유일한 여 황제입니다. 당태종의 후궁이자 그 아들 고종의 부인이지요. 권력을 차지하기 위해 자식도 죽일 수 있는 냉혹한 인물이지만 정치적인 면에서는 적지 않은 업적을 쌓았어요. 690년, 국호를 당에서 주로 고치고 황제의 자리에 올랐다가 705년에 사망합니다.

실위
6세기경 중국 동북 지방에 자리 잡은 유목 민족입니다. 몽골 족과 통구스 족의 혼혈로 알려져 있어요.

설연타
돌궐족의 한 분파로 서돌궐의 지배를 받다가 7세기 중반에 독립합니다. 동돌궐이 멸망한 후 한때 북방의 패권을 잡기도 했지만, 당나라에 패배하는 바람에 역사의 뒤안길로 사라졌어요.

치를 많이 보는 것 같은데, 군주는 그러면 안 되지요. 물론 백성을 아끼고 사랑해야 하는 것은 맞지만, 필요할 때는 인정사정 봐주지 말고 밀어붙여야 합니다. 안 그러면 아무 것도 할 수 없지요. 암, 그렇고말고요.

이중화 변호사 　수나라는 물론 당나라에게도 고구려는 반드시 넘어야 할 산이었단 말씀이시군요.

당태종 　그렇지요. 특히 고구려가 북방의 야만인들과 손을 잡는 날에는 일이 아주 복잡해질 것이 뻔했습니다. 실제로 고구려는 장수왕 때 실위에 철을 공급하면서 영향력을 행사했어요. 645년에 벌어진 전쟁도 우리가 다 이긴 전쟁이었는데, 연개소문이 설연타를 움직여 우리를 공격하는 바람에 어쩔 수 없이 회군해야만 했지요.

이중화 변호사 　중국이 고구려를 왜 공격해야만 했는지 이해가 되네요. 판사님, 이제 증인 신문은 이것으로 마치고 원고에게 몇 가지 질문을 해도 되겠습니까?

판사 　좋습니다.

이중화 변호사 　자, 증인으로 나온 당태종의 증언 덕분에 고구려가 중국에 얼마나 해악을 끼쳤는지 알게 되었는데요. 원고도 동돌궐의 계민 가한을 만나러 갔다가 고구려 사신과 마주쳐 위협을 느꼈지요?

수양제 　계민 가한은 내 여동생인 의성 공주의 남편이기도 했소이다. 그런데 거기서 고구려 사신과 마주쳤으니 얼마나 섬뜩했겠습니까. 거기다 고구려의 침략과 염탐이 거듭되는 상황이었으니까 나는 빨리 결단을 내려야만 했어요. 알려진 것처럼 무턱대고 고구려를 공격했던 건 아니었소.

이중화 변호사   지금 그 말은 무슨 뜻인가요? 무턱대고 공격한 게 아니라면…….

수양제   화친을 고려했던 말입니다. 고구려는 돌궐이나 **토욕혼**과는 다른 나라였어요. 특히 산이 많고 성도 많아서 기병을 동원한 기습은 거의 불가능했지요. 그래서 일단은 좋은 말로 고구려를 타일러 보기로 했소. 나는 계민 가한의 처소에서 만난 고구려 사신에게 분명히 말했지요. '계민 가한은 진심으로 중국을 섬기기 때문에 내가 직접 방문한 것이다. 고구려도 빠른 시일 안에 왕이 직접 수나라를 찾아오도록 해라. 그렇지 않으면 마땅히 고구려를 토벌할 것이다'라고 말이오.

이중화 변호사   그러니까 증인은 무작정 고구려를 공격한 것이 아니라 고구려에 생각할 시간을 충분히 준 것이군요. 그때가 607년이었고 전쟁이 벌어진 게 612년이니까, 무려 6년이라는 시간을 준 거네요.

수양제   그런데 고구려는 여전히 다른 마음을 품고 있었습니다. 군대를 남쪽으로 보내 백제와 신라를 공격해서 성을 빼앗고 백성을 잡아갔다고 하더군요. 우리와 일전을 벌이기 전에 먼저 화근을 없앨 속셈이었겠지요. 변방을 노략질하는 횟수도 점점 잦아졌습니다. 결국 나는 더 이상 참지 못하고 전쟁을 결심했지요.

이중화 변호사   두 증인의 말을 종합해 보면, 고구려는 대대로 중국

토욕혼
신비족의 일파가 티벳 지역에 세운 나라입니다. 동서 무역의 요충지에 위치한 덕분에 상업이 발달했지요. 7세기 초반에 당나라의 지배를 받다가 토번에게 멸망합니다.

의 골칫거리였습니다. 수나라 시절에는 중국이 통일되는 것을 두려 워하면서 염탐과 약탈을 자행했고, 그것도 모자라 선제공격까지 감 행했지요. 그러나 수나라는 고구려를 설득하려고 했고, 왕이 용서를 빌면 없던 일로 하겠다고 했습니다. 그런데도 고구려는 태도의 변화 를 보이지 않고 전쟁 준비에 박차를 가했지요. 그래서 수나라는 결 국 공격을 결심한 것입니다. 즉 원고가 고구려를 공격한 것은 한 나 라의 통치자로서 당연하고도 정당한 결정이었지요.

왜 을지문덕은 살수에서 물길을 막았을까?

판사　　잘 알겠습니다. 첫 재판은 이쯤에서 마무리하는 것이 어떨까 합니다.

김고려 변호사　　판사님, 원고 측 증인들만 불러서 증언을 듣고 폐정하다니 너무하신 거 아닌가요? 저희 측에서 신청한 증인들도 대기하고 있습니다.

판사　　다음 재판에서는 피고 측이 신청한 증인에게 좀 더 많은 시간을 내어 주지요. 김고려 변호사도 더 철저히 준비해서 만나도록 합시다. 자, 모두 수고들 하셨습니다.

땅, 땅, 땅!

판사가 법봉을 쳐서 재판이 끝났음을 알리자 방청석에서 짧은 박수 소리와 야유가 들렸다. 수양제는 무덤덤한 표정으로 일어나 피고석을 뚫어지게 쳐다보더니 곧장 법정 밖으로 나갔다. 법정 안이 더웠는지 쉴 새 없이 부채질하던 엘리자베스 1세가 루스벨트에게 말했다.

"생각보다는 싱거운데요. 그나저나 카이사르는 갑자기 어디로 사라졌나요? 조금 전까지 여기 있었는데?"

"저쪽 여자 방청객들이 모여 있는 곳에 있잖아요. 누가 난봉꾼 아니랄까 봐…… 쯧쯧쯧."

다알지 기자

　　시청자 여러분 안녕하십니까? 지상보다 빠르고 정확한 법정 뉴스의 다알지 기자입니다. 오늘 한국사법정에서는 을지문덕 대 수양제의 재판이 열렸는데요. 첫날 재판에서 원고는 수나라가 고구려를 공격한 것은 정당한 통치 행위였으며, 고구려는 역사적으로 중국의 골칫거리였다고 주장했습니다. 원고 측 증인으로 고구려 동천왕의 신하였던 득래가 나와서 고구려와 위나라의 전쟁에 대해 증언했고, 당나라 태종이 나와서 당나라가 고구려 때문에 얼마나 애를 먹었는지를 증언했습니다. 또 원고 수양제는 재위 당시 계민 가한의 처소에서 고구려 사신을 만났던 일화를 밝히며 수나라가 고구려를 공격해야만 했다는 것을 강조했지요. 오늘 재판은 원고 측에 다소 유리하게 진행되었는데요. 그럼 이번 재판의 두 변호인을 만나 구체적으로 어떤 얘기가 오갔는지 얘기를 나눠 보도록 하겠습니다.

이중화 변호사

　역사적 진실은 아무리 큰 비난 속에서도 빛을 잃지 않습니다. 그동안 수나라에게 침략 당했다고 주장하는 고구려 사람들이나 대운하 공사로 죽은 사람들이 내는 목소리 때문에 진실을 알리기가 힘들었습니다. 그래서 제 의뢰인이 오랜 고민 끝에 소송을 제기한 것입니다. 오늘 재판을 통해 다들 아셨겠지만 고구려는 배신과 복종을 거듭하면서 중국을 위협했어요. 결국 요동 땅을 차지한 후에는 북방의 유목민들을 충동질해서 중국을 침략했고요. 만약 고구려가 중국의 강대함을 인정했다면 중국과 고구려는 평화롭게 공존할 수 있었을 겁니다. 하지만 고구려는 그러지 않았지요. 그러니까 수나라의 고구려 침략은 정당방위였다 이겁니다.

김고려 변호사

　오늘 재판이 원고 측 증인 위주로 진
행되었지만 저는 별로 걱정하지 않습니다.
어차피 지난 1400년 동안 명백하게 진실로 여
겨졌던 일이 재판에서 뒤집어지지는 않을 테니까요. 일각에서는 제가
안이하게 대처한 것 아니냐는 말이 나오지만 원고 측에서 너무 일방적
으로 진행을 했고, 판사가 이를 적극적으로 제지하지 않아 좀 안타까
웠을 뿐입니다. 역사적 진실이라는 것은 아무리 시간이 지나고 왜곡된
시각을 갖다 붙인다고 해도 변하지 않습니다. 수양제는 당대에는 물론
후대까지 폭군의 대명사로 낙인찍힌 인물입니다. 이 사실을 다음 재판
에서 확실하게 밝히겠습니다. 기대해 주십시오.

고구려는 왜 수나라와 맞서 싸웠을까?

1. 고구려가 먼저 공격한 것일까?
2. 고구려는 왜 끝까지 싸웠을까?

1

고구려가
먼저 공격한 것일까?

판사 　자, 모두들 준비가 된 것 같으니 두 번째 재판을 시작하도록 하겠습니다. 오늘은 피고 측이 먼저 발언을 시작할까요?

김고려 변호사 　감사합니다, 판사님. 그럼 증인 신문을 통해 과연 어느 나라가 전쟁에 대한 책임이 더 큰지 밝혀 보겠습니다. 지금 나오실 증인은 제 의뢰인이 이승에서 섬기던 분입니다. 을지문덕 장군은 이분을 귀찮게 할 수 없다고 증인 신청을 만류했습니다. 하지만 중요한 증언을 해 줄 분이므로 저 역시 물러서지 않고 고집을 부려 어렵게 모셨습니다. 판사님, 바로 증인 영양왕을 불러도 되겠습니까?

판사 　좋습니다. 증인은 나와서 증인 선서를 하세요.

영양왕 　나 영양왕은 신성한 한국사법정에서 오직 진실만을 말할 것을 선서합니다.

판사 좋습니다. 증인은 자리에 앉고, 피고 측 변호인은 증인 신문 하세요.

김고려 변호사 먼저 제 의뢰인께서 번거롭게 해 드려 죄송하다는 말씀을 꼭 전해 달라고 하네요.

영양왕 예나 지금이나 남을 배려하는 건 여전하군. 하지만 미안하다는 말은 을지문덕 장군이 아니라 말도 안 되는 재판을 벌인 저 원고 측에서 해야 할 것 같습니다. 어쨌든 나는 내가 알고 있는 대로 솔직히 답변하지요.

김고려 변호사 감사합니다. 그럼 질문하겠습니다. 지난번 재판에서 원고 측은 고구려가 중국의 골칫거리였다고 했는데요. 이에 대해 증인은 어떻게 생각하십니까?

영양왕 중국인들은 아주 교만하여 자기 민족이 아니면 다 하찮게 여깁니다. 중화니 왕도니 하면서 항상 자기들만 옳고, 최고라고 떠벌리지요. 하지만 속을 들여다보면 헛소리에 불과할 뿐입니다.

이중화 변호사 이의 있습니다. 증인은 지나치게 감정적으로 말하고 있습니다.

판사 인정합니다. 증인은 본 재판과 관련이 없는 문제에 대해서는 발언을 조심해 주십시오.

김고려 변호사 그럼 본격적으로 질문하겠습니다. 590년, 평원왕께서 돌아가시고 태자였던 증인이 왕의 자리에 오르게 되었는데요. 즉위 당시 상황을 간략하게 말씀해 주시겠습니까?

세군의 난

545년 고구려의 안원왕이 죽자 두 왕비가 서로 자기 소생의 아들을 왕위에 올리기 위해 무력 충돌을 합니다. 이때 두 세력을 대표한 것이 추군과 세군이었지요. 승리한 추군 측에서 옹립한 왕이 양원왕이었으며, 패배한 세군 측의 사상자는 무려 2천 명이었다고 합니다. 세군의 난은 고구려가 쇠퇴한 계기 중 하나로 여겨집니다.

눈썹을 찡그리며 기억을 떠올리는 영양왕의 표정이 어두워졌다.

영양왕　그때 고구려는 떠올리기도 싫을 만큼 최악의 상황이었습니다. 세군의 난 이후 왕권은 땅에 떨어졌고, 귀족들은 패를 나눠서 싸움을 벌이고 있었으니까요. ▶남쪽의 신라와 백제는 손을 잡고 쳐들어와서 아리수 유역(오늘날의 한강 일대)을 빼앗았고, 북쪽의 돌궐과도 사이가 좋지 않았습니다. 아버지 대에 들어와 어느 정도 진정되긴 했지만, 그 여파는 고스란히 남아 있는 상태였던 거죠. 거기다 진짜 문제는 그즈음 중국이 통일 제국을 이뤘다는 사실이었습니다.

김고려 변호사　중국의 통일이 고구려에게 큰 부담이 되었다는 말씀입니까?

영양왕　중국이 단지 조공을 바치고 사신 간에 교류하는 것 정도만 요구했어도 내가 이렇게 화가 나지는 않았을 겁니다.

김고려 변호사　좀 더 구체적으로 말씀해 주시지요.

영양왕　북방의 유목민들은 중국에게도 문제였지만 우리에게도 골칫거리였습니다. 그래서 우리 고구려는 그들에게 세금을 조금만 받는 대신 그들의 내부 문제에 간섭하지 않기로 하였지요. 양쪽이 다 좋자고 한 일이니 요즘 말로 치면 일종의 '윈윈(win-win) 계약'이라고 할 수 있습니다. 그런데 수나라가 등장하면서 문제가 좀 복잡해졌습니

교과서에는

▶ 신라는 강해진 국력을 토대로 고구려가 지배하던 한강 유역을 빼앗았습니다. 이로써 신라는 전략 거점을 확보하고, 경제적인 기반을 강화해서 삼국 경쟁의 주도권을 장악할 수 있었지요.

다. 유목민들 중에는 우리가 조금만 간섭해도 견디지 못하는 이들이
있었는데, 수나라가 이런 자들을 충동질해 우리에게 반기를 들게 만
든 것입니다.

이중화 변호사　　판사님, 이의 있습니다. 증인은 확인되지 않은 이야
기를 마치 사실인 것처럼 말하고 있습니다. 수나라는 북방의 유목민
들을 충동질하거나 회유 정책을 편 적이 없습니다.

이중화 변호사의 발언에 영양왕이 코웃음을 치며 대답했다.

영양왕　　지금 내 말이 사실이 아니라는 겁니까? 속말수(오늘날의 북
류 송화강) 부근에 살던 속말말갈의 추장, 돌지계의 경우는 그럼 무엇

이란 말이오?

이중화 변호사　속말말갈이라면 고구려의 신하가 된 말갈족 중 한 부족 아닙니까? 그걸 왜 저에게 물어보시는지요?

영양왕　속말수 인근에 사는 말갈족을 속말말갈이라고 부르지요. 그 족장인 돌지계가 고구려에 반란을 일으킨 일을 정녕 모른단 말이오?

판사　미안하지만 증인은 좀 쉽게 설명해 주세요. 여긴 증인이 살던 시대에서 온 사람만 있는 게 아닙니다.

영양왕　아, 그런가요. 그럼 간단하게 말하지요. 원래 말갈족은 대대로 우리 고구려와 가깝게 지내던 종족이었는데, 수나라가 그들에게 뇌물을 주어 우리에게 반기를 들게 만든 것입니다.

이중화 변호사　판사님, 지금 증인의 발언은 추측일 뿐입니다. 증인은 믿을 만한 증거를 대야 할 것입니다.

영양왕　판사님! 우리 군대에게 패한 유목민들이 어디에 항복했는지 보면 될 것 아닙니까? 바로 수나라 땅인 영주였습니다. 그 사실을 알게 된 우리는 사정을 설명하고, 수나라에게 그들을 송환하라고 요구했지만, 수나라는 들은 척도 안 하더군요. 오히려 돌지계를 부여후로 봉하고 영주에 거처를 마련해 주었지 뭡니까.

영양왕의 호통에 이중화 변호사는 당황하여 서류를 뒤적였다. 옷깃을 여민 영양왕이 말을 이었다.

영양왕　수나라 황제는 좋은 말로 전쟁까지 벌일 생각은 없다고

우리를 타이르고는 고구려 코앞까지 운하를 팠지요. 이런 상황에 어떻게 우리가 가만히 있을 수 있겠습니까?

이중화 변호사　증인이 뭔가 오해를 하신 것 같습니다. ▶제 의뢰인이 남북을 잇는 대운하를 판 것은 물자와 사람이 좀 더 원활하게 교류하도록 하기 위해서였지 고구려를 공격하기 위한 것은 아닙니다.

영양왕　역시 거짓말이고 구차한 변명에 불과합니다. 단지 그 목적 때문이었다면 항주에서 양자강을 연결하는 강남하나 회수에서 낙양(뤄양)으로 이어지는 통제거면 충분했습니다. 그런데 황하에서 산동을 지나 탁군(오늘날의 북경)까지 이어진 영제거를 만든 이유는 대체 무엇 때문이겠

교과서에는

▶ 수나라는 이미 건설된 운하를 서로 연결하고 새로이 물길을 파서 총 길이가 1,782km에 달하는 대운하를 완성했습니다. 이 운하는 물자의 유통과 사회의 통합을 위해 만들어졌어요.

습니까? 지금이야 중국의 수도가 되었지만, 그때 탁군은 변방 중의 변방이었어요. 탁군에서 우리 고구려까지는 그야말로 엎어지면 코 닿을 거리고요. 또 수나라는 실제로 백만 대군을 이곳 탁군에서 움직였습니다. 운하를 파지 않았다면 그 많은 병사들과 식량을 어떻게 모을 수 있었을지 궁금하군요.

영양왕의 논리 정연한 반박에 방청석에 있던 사람들은 고개를 끄덕였다. 이중화 변호사는 또다시 서류를 뒤적였다.

김고려 변호사　　그러니까 수나라는 말로는 전쟁할 생각이 없다고 해 놓고 뒤로는 말갈족을 충동질했다는 거군요. 누가 봐도 수나라가 고구려를 공격하기 위해 운하를 판 것이 분명해 보입니다.

영양왕　　전형적인 수나라 스타일이라고 할까요? 북방의 패자였던 돌궐이 가한 선출 문제로 동돌궐과 서돌궐로 나뉘었을 때 수나라는 양쪽을 모두 이간질했습니다. 우리에게 복속되어 있던 말갈족이나 거란족에게도 사신을 보내서 재물을 듬뿍 안기고 관직을 하사했지요. 저들은 우리가 계민 가한에게 사신을 보낸 것에 위기를 느꼈다고 거듭 주장합니다. 하지만 수나라 역시 우리에게 복속된 유목민들을 충동질해서 반기를 들게 했습니다.

김고려 변호사　　그렇습니다, 판사님. 영양왕의 증언대로 원고 측의 주장은 변명이고, 거짓말에 불과합니다. 도발할 의사가 없다면 왜 고구려 영토 코앞까지 운하를 판 것이며, 고구려에 복속되어 있던 유목민들과 고구려 사이를 이간질했을까요? 따라서 고구려가 중국에 피해를 입혀서 이쩔 수 없이 공격했다는 원고 측의 주장은 전혀 사실과 다르다고 할 수 있습니다.

판사 그렇군요. 원고 측에서는 반론하겠습니까?

이중화 변호사 물론입니다. 판사님, 증인은 수나라가 먼저 고구려를 칠 움직임을 보였다고 주장하지만, 정작 먼저 공격한 것은 고구려였습니다. 가만있어 보자, 여기 기록이 있군요. ▶영양왕이 즉위한 지 9년째였으니까 598년이군요. 고구려는 말갈족 병사 1만 명을 거느리고 요서를 침입했다가 영주 총관 위충의 반격에 밀려 퇴각한 바 있습니다. 증인, 사실이지요?

곤혹스러운 표정을 짓던 영양왕이 천천히 대답했다.

영양왕 고구려가 먼저 공격을 한 건 사실이지만 영토를 잠식하거나 수나라 백성을 잡아 온 일은 결코 없었소. 어디까지나 무력시위에 불과했지요. 또 원고 측 변호인은 방금 영주 총관이 내가 이끄는 군대를 물리쳤다고 했는데, 이 또한 사실과 달라요. 난 전쟁터에서 영주 총관의 깃발을 본 일이 없었어요. 영주 총관 위충이 영주성 안에 숨어 있다가 우리가 물러나니까 멀찌감치에서 꽁무니를 쫓아온 일은 있는데, 그걸 승리했다고 하는지는 모르겠소이다.

이중화 변호사 그건 그렇다고 치고, 질문을 하나 더 드리

교과서에는

▶ 고구려는 수나라가 침략하는 것을 미리 막고 전략적으로 유리한 지역을 차지하기 위해 먼저 요서 지방을 공격했습니다. 당시 고구려는 북쪽의 돌궐과 연합 세력을 구축했는데, 수나라의 압박으로 돌궐 세력이 약해지자 위기를 느낀 것이지요.

지요. 탁군까지 운하가 이어진 것은 원고가 황제로 즉위한 604년 이후였고, 고구려가 말갈족을 이끌고 요서를 침략한 건 598년의 일인데, 그렇다면 수나라가 운하를 탁군까지 이을 것을 미리 알고 선수를 치신 겁니까? 참, 계민 가한의 처소에서 증인이 보낸 사신이 원고와 마주쳤던 것도 607년이었더군요.

영양왕　흠…… 우리 고구려를 궁지에 몰려고 단단히 각오를 하셨군요. 이중화 변호사도 교묘하게 빼먹은 게 있소이다. 우리 고구려가 요서를 공격하고 돌아올 때 수나라 30만 대군이 요하를 건너 우리를 뒤쫓아 왔소.

이중화 변호사　증인, 그게 뭐 이상한 일입니까? 침략당한 나라가 반격하는 것은 당연한 일이 아닙니까?

영양왕　반격한 것 자체는 문제가 아닙니다. 그러나 공격을 하고자 미리 군대를 집결시켜 놓은 게 아니라면, 어떻게 짧은 시간에 그 많은 병사들을 모아 요하를 건널 수 있었겠소? 내가 말갈족을 이끌고 수나라를 공격한 것은, 탁군에 수나라 군대가 집결해 있다는 정보를 입수하고 선수를 친 것 뿐이지요.

이중화 변호사　수나라 군대가 고구려를 공격하기 위해 집결했다는 증거라도 있습니까?

영양왕　이중화 변호사는 탁군이 어디인지는 아시오? 지금은 그곳이 중국의 수도 베이징이지만 그때만 해도 탁군은 변방 중의 변방이었소. 거기에 집결한 군대가 어디를 목표로 삼았겠어요? 동돌궐은 이미 복속시킨 상태였고, 서돌궐과 토욕혼, 고창은 멀리 떨어져 있

었소. 그렇다면 답은 이미 나온 게 아니겠습니까?

영양왕의 목소리가 점차 높아지자 이중화 변호사는 수양제를 쳐다봤다. 마지못해 황제가 짧게 입을 열었다.

수양제　그때 일은 내가 즉위하기 전의 일이라 잘 모르겠습니다.
영양왕　허, 그때 군대를 지휘했던 게 누군지 물어보시오. 왕세적과 한왕 양, 그리고 지금 그 말을 한 수양제, 당신이지 않습니까! 자기가 이끈 군대가 어디를 공격했는지도 모르다니, 억지도 이런 억지가 어디 있단 말이오!

분위기가 험악해지려고 하자, 판사가 끼어들었다.

판사 자자, 다들 흥분을 가라앉히고 진정들 하세요. 그리고 증인
은 변호인이나 다른 출석자들에게 함부로 말을 건넬 수 없습니다.
영양왕 미안하오. 나도 모르게 흥분해서 목소리가 조금 높아진
것 같소이다.
판사 더 물어볼 게 없으면 첫 번째 증인에 대한 신문은 이것으로
마치는 게 좋겠습니다. 이의 없지요?

이중화 변호사가 마지못해 고개를 끄덕거렸다.

2

고구려는 왜
끝까지 싸웠을까?

판사　다들 흥분을 가라앉힐 동안 증인에게 질문을 하나 하겠습니다. 고구려는 수나라와 꼭 전쟁을 해야만 했습니까? 얘기를 들어 보면 꼭 브레이크 없는 열차 두 대가 양쪽에서 달려와 충돌한 것 같아서요. 어쨌든 중국은 당시 큰 나라였습니다. 무엇보다 당시 국제 관계를 고려할 때 주변국들은 중국에 조공을 바치며 순종하는 태도를 취했다고 하는데요?

영양왕　돌궐이 판사님이 말한 예에 해당하지요. 유연을 물리치고 북방의 패자가 된 돌궐은 창시자인 부민 가한이 죽자 동과 서로 나뉘었습니다. 수나라 황제 양견은 동돌궐과 갈등 관계에 있던 서돌궐의 타르두에게 가한의 직위를 주면서 서돌궐과 동돌궐의 분열을 조장했습니다. 그뿐만이 아닙니다. 동돌궐에서 후계 문제로 쫓겨 온 계민 가한을 지원해서 동돌궐의 내분을 지속시켰지요.

판사　고구려도 당시의 국제 관계에 순응했다면 극한의 대립은 없지 않았을까요?

영양왕　하지만 우린 돌궐이 아니고 고구려입니다. 수나라나 다른 유목민들이 나타나기 수백 년 전부터 세워진 나라란 말입니다. 중간에 **평지풍파**도 있었고, 도읍이 함락되거나 심지어 적과 싸우다 왕이 죽은 적도 있지만, 그때마다 백성과 귀족이 힘을 합쳐서 다시 일어났습니다. 그 힘이 어디에서 나왔을 것 같습니까? 바로 고구려인이라는 자부심과 열정이 있었기 때문입니다. 수나라에 굴복한다는 건 그런 자부심과 긍지에 상처를 입히는 일입니다. 또 백 보 양보하여 우리가 수나라에 굴복하고 복종했다 해도 평화를 유지했으리라는 보장이 없습니다. 겉으로는 안심시키면서 코앞까지 운하를 파는 게 그들이니까요.

김고려 변호사　판사님께서는 '고구려가 다른 민족들처럼 고분고분했으면 어땠을까' 하는 생각을 하시는 것 같은데, 그건 고구려라는 나라를 제대로 이해하지 못했기 때문입니다. 고구려의 독자적인 문화와 가치관에 대해서 설명을 해 주실 증인이 대기하고 있는데, 나머지 얘기는 증인에게 들어 보는 게 어떨까요?

판사　좋습니다. 영양왕은 자리로 돌아가시고요. 어디 보자, 영양왕 말고 피고 측에서 신청한 증인이라면 태학박사 이문진입니까?

김고려 변호사　그렇습니다. 증인을 불러 주십시오.

이중화 변호사　판사님, 피고 측 증인 신문이 끝났으니 이번엔 제가 신청한 증인을 불러 주시는 게 순서 아닙니까?

이중화 변호사의 볼멘소리에 흐르는 땀을 손수건으로 닦아 낸 판사가 대답했다.

판사　지난 첫 재판에서는 원고 측 증인 위주로 신문이 이루어지지 않았습니까? 오늘은 피고 측 얘기를 많이 들어 보는 것이 공평할 듯합니다. 증인은 나와서 선서해 주기 바랍니다.

이문진　나 이문진은 한국사법정에서 오직 진실만을 말할 것을 엄숙하게 맹세합니다.

판사　좋습니다. 피고 측 변호사는 증인 신문을 시작하세요.

김고려 변호사　증인은 먼저 어떤 일을 하셨는지 간략하게 말씀해 주시겠습니까?

이문진　▶나야 뭐, **태학박사**로서 역사서를 새로 고쳐 쓴 것밖에는 한 일이 없습니다. 태조왕 때 만들어진 1백 권짜리 『유기』를 다섯 권으로 정리했지요.

김고려 변호사　그게 『신집』인가요?

이문진　맞습니다. 잘 아는군요. 애석하게도 고구려가 멸망하면서 모두 사라져 버렸는데, 『신집』에 정리된 내용들이 『삼국사기』에 어느 정도 실려 그나마 다행입니다.

태학박사
고구려 때, 귀족 자제들에게 경학, 문학을 가르치던 국립 교육 기관인 태학에서 학문을 가르치던 벼슬을 말합니다.

『유기』
고구려의 역사서로 언제 누가 만들었는지는 알려져 있지 않습니다. 고구려 초기의 신화와 왕실의 계보를 정리한 책으로 추측됩니다. 1백 권으로 구성되어 있으며 현재 전해지지 않고 있습니다.

『신집』
600년 고구려 영양왕의 명령을 받은 태학박사 이문진이 1백 권 분량의 『유기』를 정리해서 다섯 권 분량으로 편찬한 역사서입니다.

교과서에는

▶ 중앙 집권 체제가 정비되면서 삼국은 역사책을 편찬했습니다. 고구려는 초기에 『유기』를 편찬했는데, 고구려 초기의 신화와 왕실의 계보를 정리한 것으로 추측됩니다. 영양왕의 명령을 받은 이문진이 이를 간추려 『신집』 다섯 권을 편찬했어요. 이 책은 현재 전하지 않고 있습니다.

김고려 변호사 　앞서 나온 증인 영양왕께서 고구려인의 독립적인 성격과 자부심을 강조하셨는데 증인께서 이 내용을 더 보충해 주시겠습니까?

이문진 　네, 자리가 자리이니만큼 힘껏 얘기해 보겠습니다. 우선 고구려인이 가진 천하관부터 말씀드려야겠네요.

김고려 변호사 　천하관이라고요?

이문진 　그렇습니다. 천하관이란, 하늘과 땅 사이에 사는 인간의 가치관을 말합니다. 우리 민족과 다른 민족은 언어와 풍속이 다르고, 먹는 음식과 섬기는 조상 또한 다르지요. 이 차이점을 어떻게 인식하느냐가 바로 천하관과 연결되어 있다고 볼 수 있습니다.

김고려 변호사 　그렇다면 고구려인은 어떤 천하관을 가지고 있었습니까?

이문진 　아까 영양왕께서도 증언하였듯이, 고구려인들은 스스로 고구려인이라는 사실을 아주 자랑스럽게 생각했습니다. 또한 자신들이 '다른 민족과는 다른 우수한 민족'이라고 늘 생각했었고요.

김고려 변호사 　그렇다면 중국의 천하관은 어땠습니까?

이문진 　그들은 중국만이 세상의 중심이라고 생각했어요. 중국 외에 주변국들은 모두 야만족으로 보았습니다. 지난 재판에서 원고 측은 '왕화'라는 표현을 쓰며 중국이 온건하다고 했지만 그건 오만함의 극치일 뿐입니다.

김고려 변호사 　그렇군요. 그런데 고구려인의 천하관은 어떻게 형성된 것일까요?

이문진　김부식의 『삼국사기』를 보면 고구려는 기원전 37년 추모왕께서 졸본에 도읍을 세우면서 건국되었습니다. 처음에 고구려인은 몇 명이었을까요? 기껏해야 수천 명이었을 겁니다. 그런데 나라가 커지고 영토가 넓어지면서 백성이 점점 늘어났습니다. 옥저나 동예는 물론이고, 갈사국, 행인국, 주나와 조나, 선비족에 낙랑과 대방 땅에 살던 사람들, 거기다 중국에서도 사람들이 고구려로 망명했지요. 그리고 광개토대왕 시절에는 백제 사람과 동부여, 그리고 연나라 사람들도 적지 않게 흘러들어 왔습니다.

김고려 변호사　다양한 민족이 모였으니 언어, 생활 방식, 믿는 신 등 차이점이 많았겠군요. 고구려라는 나라에 대해 잘 몰랐던 사람들도 많았을 것 같고요.

이문진　맞습니다. 그들 중에는 전쟁에서 패해 자신의 의지와는 상관없이 끌려온 사람들도 적지 않았으니까요. 그런데 그들을 하나로 묶은 게 바로 추모왕에 관한 설화라고 할 수 있습니다.

김고려 변호사　설화가 민족을 하나로 묶을 수 있다니 조금 의외인데요.

이문진　추모왕 설화는 한마디로 '우리는 위대한 조상을 가진 존귀한 종족이다'라고 선언하는 것이라 볼 수 있습니다. 물론 국가가 성립된 초기에도 이러한 신념이 있었는지는 잘 모르겠습니다. 어쨌든 내가 『신집』을 편찬할 무렵에는 추모왕 설화가 고구려인들에게 영향을 끼치고 있었지요.

김고려 변호사　판사님, 증인의 이러한 발언은 광개토대왕 시절에 살았던 모두루라는 관리의 무덤에 잘 드러나 있습니다.

판사　뭐라고 쓰여 있나요?

김고려 변호사　무덤 안에는 한자로 글이 쓰여 있는데, 첫머리부터 '하백의 손자이며 일월의 자식인 추모왕이 북부여에서 나셨다. 천하 사방이 이 나라의 존귀함을 알 것이며……' 라고 쓰여 있습니다.

판사　정말 자부심이 대단했군요.

이문진　고구려의 두 번째 도읍이었던 국내성(오늘날의 집안 일대)에 있는 광개토대왕릉비의 첫머리에도 '먼 옛날 추모왕이 나라를 세우셨다. 북부여에서 태어나셨는데 천제의 아들이요, 하백의 딸이 어머니였다. 태어나면서부터 성스러움이 있었다' 라며 비슷하게 시작합니다. 공통점이 뭔지 아시겠습니까?

김고려 변호사　　글쎄요. 고구려를 건국한 시조를 극도로 높였다는 짐 아닐까요?

이문진　　맞습니다. 하늘의 신과 물의 신의 정기를 받은 시조의 성스러운 덕으로 나라가 열렸고, 지금껏 이어져 왔다는 사실을 이야기하고 있습니다. 햇빛과 물은 사람이 살아가는 데 가장 중요한 요소라고 할 수 있는데, 고구려는 그 두 힘을 모두 받은 영웅이 만든 나라라는 자부심을 심어 준 거죠. 이는 중국의 중화주의나 왕화와 달리 고구려인에게 교만하지 않으면서도 은근한 자부심을 심어 주었습니다. ▶더구나 광개토대왕과 장수왕 시절은 고구려의 기세가 사방으로 뻗어 나갈 때였는데, 현실의 영광에 과거의 신성함이 결합되어 고구려의 천하관이 완성될 수 있었다고 봅니다. 물론 고구려 사람들이 자신들을 천하의 중심 민족으로 인식했다는 점에서는 중화주의와 비슷한 점이 있었다고도 할 수 있겠네요.

김고려 변호사　　그렇다면 고구려인들의 천하관 때문에 고구려와 중국이 맞서게 되었다고 보십니까?

이문진　　고구려는 그렇게 오만하게 자부심을 드러내는 나라가 아니었습니다. 고구려가 중국과 맞선 이유는 오로지 자기 땅과 가족을 지키고자 함이었습니다.

김고려 변호사　　사실 백성의 숫자나 영토의 크기를 보아도 수나라는 고구려와 비교가 안 될 만큼 큰 나라였는데, 그럼에도 고구려가 끈질기게 수나라에게 저항한 이유는 무엇일까요? 고구려가 적당한 선에서 굽혔다면 전쟁은 피

추모왕은 알을 깨고 태어났습니다.

ㅉㅈ ㅓㅓ

남쪽으로 가다가 강을 만났지요.

"나를 위해 갈대를 연결하고 거북이를 무리 짓게 하라."

어헛!

강을 건넌 추모왕은 고구려를 세웠습니다.

고구려

두두두두

이것이 바로 고구려 건국 신화지요.

할 수 있지 않았을까요?

김고려 변호사의 질문에 이문진은 손가락으로 턱수염을 만지작 거리며 한동안 생각에 잠겼다.

이문진　　나 역시 고구려의 힘이 수나라에 비해 역부족이었다는 것 은 인정합니다. 실제로 수나라는 살수에서 30만이나 되는 대군이 전 멸했음에도 불구하고 다음 해, 또 그다음 해에도 고구려에 쳐들어왔

　왜 을지문덕은 살수에서 물길을 막았을까?

으니까요. 하지만 우리가 적당한 선에서 굽혔더라도 전쟁은 피할 수 없었을 겁니다. 수나라는 고구려를 결코 포기할 수 없었을 거에요. 한 번 요구를 들어주면 다음에는 더 어려운 걸 요구할 자들이지요.

김고려 변호사　　그렇군요. 판사님, 이상 증인 신문을 마치겠습니다.

판사　　원고 측 반대 신문 하겠습니까?

판사의 말이 끝나기가 무섭게 이중화 변호사가 벌떡 일어나서는 증인석으로 걸어갔다.

이중화 변호사　　판사님, 증인은 지금 자기 혼자만의 생각을 마치 사실인 것처럼 말하고 있습니다. 증인, 고구려가 수나라에 굽혔어도 수나라가 계속 고구려를 압박했을 거라고 확신하는 증거가 있습니까?

이문진　　증거요? 수나라가 망하고 당나라가 들어선 이후, 영류왕께서는 굴욕을 참고 고구려의 지도인 봉역도를 당나라에 바치고 장안에 있던 경관도 허물었습니다. 또한 고구려 태자와 귀족 자제들을 당나라 태학에 입학시키겠다는 약속까지 했고요. 이 정도면 나라를 들어 땅을 바친 것 빼고는 중국의 요구를 다 들어준 것이라고 할 수 있습니다. 당시 조정에서는 물론 백성 중에서도 왕을 욕하지 않는 사람이 없었지요. 하지만 영류왕께서는 오직 중국과 싸움을 하지 않겠다는 의지로 이 모든 모욕과 수난을 감내하셨습니다.

판사　　고구려의 이 같은 태도에 당태종은 어떻게 반응했습니까? 이렇게까지 나왔으면 당나라도 한발 물러섰을 것 같은데요.

직방 낭중 진대덕
직방은 지도를 제작하는 관청이
고, 낭중은 그 관청에 속한 관직
입니다. 진대덕은 성읍을 살피
고 산천의 위치를 파악하기 위
해 고구려에 온 것으로 추정됩
니다.

이문진　　천만에요. 당나라는 그 대답으로 **직방 낭중 진
대덕**을 고구려에 사신으로 보냈습니다. 그는 고구려의 지
형을 정탐하고 당나라로 돌아갔죠. 진대덕의 보고를 받은
당태종은 이렇게 말했습니다. "요동은 원래 중국의 영토였
다. 내가 요동을 공격해 고구려의 시선을 그쪽으로 돌리고
동래에서 수군을 보내 평양성을 직접 공격하면 당나라가
쉽게 승리할 수 있을 것이다. 하지만 산동의 고을이 아직 전쟁의 상
처에서 회복되지 않았으니 기다릴 뿐이다." 그들은 우리의 평화 의
지와는 상관없이 이미 머릿속으로 전쟁을 구상하고 있었던 겁니다.
이제 내가 고구려가 수나라에 굽혔어도 수나라가 거기에 만족하지
않고 계속 고구려를 압박했을 거라고 확신한 이유가 설명되었습니
까, 이중화 변호사님?

　　이문진의 반박에 이중화 변호사는 당황하는 빛이 잠깐 보였으나,
이내 이성을 되찾은 듯 변론을 이어 갔다.

이중화 변호사　　그건 황제와 신하들 간의 의례적인 대화일 뿐입니
다. 거기다 그 얘기를 한 사람은 원고 수양제가 아니라 당나라 황제
태종이었습니다. 원고 또한 그런 마음을 먹었을 것이라고 보는 건
무리 아닐까요?

이문진　　이 변호사는 역사 공부를 충실히 하지 않은 것 같네요. 수
양제가 고구려를 칠 생각을 가지고 있지 않았다면, 605년에 벌어진

사건은 어떻게 설명하시겠습니까?

이중화 변호사   605년의 사건이라고요?

이문진   수나라가 고구려를 침공할 수밖에 없었다고 주장한 이유 중 하나가 607년에 계민 가한의 처소에 우리 사신이 찾아간 것이라고 하지 않았습니까? 그 2년 전에 수나라 장수 위운기는 돌궐 기병 2만을 이끌고 거란을 쳐서 4만 명을 사로잡아 간 일이 있습니다. 그때 거란은 고구려의 바로 북쪽에 자리 잡고 있었지요. 수나라가 거란을 치고 나면, 그 밑에 있던 고구려를 치는 일은 시간문제 아니었 겠습니까?

이중화 변호사　증인의 추측일 뿐입니다. 수나라가 거란을 정벌하는데 고구려가 위협을 느낄 이유는 없습니다.

이문진　위운기가 어떤 식으로 거란을 공격했는지 알면, 고구려가 왜 위협을 느꼈는지 모두들 공감할 겁니다. 그는 유성(요서 지역의 무역 도시)으로 가서 고구려와 교역을 한다는 핑계로 돌궐군을 끌고 거란으로 진격했습니다. 그러지 않았다면 거란족이 그렇게 손을 놓고 당했을 리가 없지요.

김고려 변호사　판사님, 원고 측의 모순이 점점 드러나고 있습니다. 그들은 고구려가 자기네 땅 북쪽에 있는 종족에게 사신을 보낸 것만으로 위협을 느꼈다고 주장하면서도, 수나라가 고구려 북쪽에 자리 잡은 거란족을 쳐 고구려가 위협을 느꼈다는 사실은 수긍하지 않고 있습니다. 제가 현명하신 판사님과 배심원 여러분께 묻겠습니다. 사신을 보낸 일이 더 위협이 될까요? 코앞에서 전쟁이 일어난 것이 더 위협이 될까요?

　방청석에서 김고려 변호사의 말에 고개를 끄덕이는 사람들이 보이자, 수양제가 이중화 변호사의 귀에 대고 귓속말을 했다. 곧이어 이중화 변호사가 입을 열었다.

이중화 변호사　장수 위운기가 거란을 친 것은, 거란이 영주를 침략했기 때문입니다. 결코 고구려의 영토를 침범하거나 해를 입히기 위함이 아니었습니다.

이문진   영주를 침범한 것에 대한 보복이었다고요? 영주는 명목상으로만 수나라 영토였습니다. 그곳은 수나라 사람들보다 돌궐이나 거란과 같은 유목민들이 물건을 바꾸는 시장 같은 곳이었지요. 그런 영주를 공격당한 것이 뭐 그리 수나라에 위협이 되었겠습니까?

김고려 변호사   판사님, 이뿐만이 아닙니다. 수양제가 아버지를 시해하고 수나라 황제로 즉위한 이후, 주변국들 중에 침략을 당하지 않은 나라가 거의 없었습니다. 북쪽의 돌궐과 토욕혼은 그렇다고 쳐도 남쪽의 임읍(오늘날의 베트남)과 적토(오늘날의 말레이시아), 그리고 대만까지 모두 수나라의 공격을 받았습니다. 그런 나라들이 수나라에게 대체 어떤 위협을 주었기에 군대를 몰아 정벌해야만 했는지 궁금하군요.

판사   누가 누구를 신문하는지 모르겠군요. 증인 신문은 이것으로 마치도록 하겠습니다. 이제 원고 측에 기회를 주는 것이 좋을 것 같은데요. 원고 측, 증인을 부르겠습니까?

수양제와 한참 동안 소곤거리던 이중화 변호사가 의자에서 일어났다.

이중화 변호사   사실 제 의뢰인이 오늘 몸이 많이 안 좋습니다. 억지로 참고 재판에 참여했는데 더 이상은 힘들 것 같다고 합니다. 오늘 재판은 이것으로 마쳐 주셨으면 합니다.

판사   좋습니다. 어차피 시간도 많이 흘렀고, 이쯤에서 재판을 마무리해도 좋을 것 같군요. 피고 측 변호인도 이의 없지요?

김고려 변호사　　없습니다.

판사　　좋습니다. 그럼 오늘 재판은 여기서 마치겠습니다. 마지막 세 번째 재판에도 많은 분들이 참석해 주시기를 바라며, 원고, 피고 측도 더 열심히 재판을 준비해 주시기 바랍니다.

　　땅, 땅, 땅!

수양제가 만든 대운하

　수나라 양제는 정치의 중심지인 화북과 경제의 중심지인 강남을 잇는 대운하를 건설했습니다. 이 대운하의 총 길이는 1500km 이상이며 6년간의 공사 끝에 완성되었지요. 도로가 발달하지 않았던 당시에는 화북과 강남을 연결하는 대운하 덕에 물자를 쉽게 이동시킬 수 있었어요. 또 수나라는 멀리 떨어진 강남 지역을 더 효과적으로 관리할 수 있었습니다. 하지만 대운하 건설에 동원된 백성은 고된 노역에 시달렸지요. 운하가 뚫린 후에는 운하를 이용해서 세금을 더 효율적으로 거둘 수 있게 되었는데, 그로 인해 백성은 더 많이 수탈당했습니다. 결국 수나라 곳곳에서 반란이 일어났고, 수나라는 중국을 통일한 지 29년 만에 멸망하고 말았지요.

다알지 기자

　　시청자 여러분 안녕하십니까? 역사공화국 법정 뉴스의 다알지 기자입니다. 방금 을지문덕 장군 대 수양제의 두 번째 재판이 끝났는데요. 법정 밖에서는 지금 열띤 취재 경쟁이 벌어지고 있습니다. 오늘 재판에는 고구려 영양왕과 『신집』을 쓴 이문진이 피고 측 증인으로 나왔습니다. 영양왕은 수나라가 대운하를 파서 고구려를 위협했기 때문에 먼저 공격을 할 수밖에 없었다고 말했습니다. 이문진은 수나라와의 싸움에 원동력이 된 고구려인들의 천하관에 대해 설명했지요. 그리고 수나라의 거란 정벌에 고구려가 위협을 느꼈다는 증언도 나왔습니다. 오늘은 특별히 양측 소송 당사자들과 인터뷰를 하겠습니다. 원고와 피고, 현재 기분이 어떻습니까?

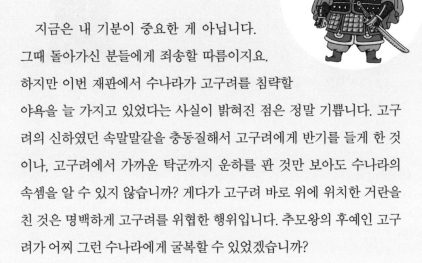

을지문덕

　지금은 내 기분이 중요한 게 아닙니다.
그때 돌아가신 분들에게 죄송할 따름이지요.
하지만 이번 재판에서 수나라가 고구려를 침략할
야욕을 늘 가지고 있었다는 사실이 밝혀진 점은 정말 기쁩니다. 고구
려의 신하였던 속말말갈을 충동질해서 고구려에게 반기를 들게 한 것
이나, 고구려에서 가까운 탁군까지 운하를 판 것만 보아도 수나라의
속셈을 알 수 있지 않습니까? 게다가 고구려 바로 위에 위치한 거란을
친 것은 명백하게 고구려를 위협한 행위입니다. 추모왕의 후예인 고구
려가 어찌 그런 수나라에게 굴복할 수 있었겠습니까?

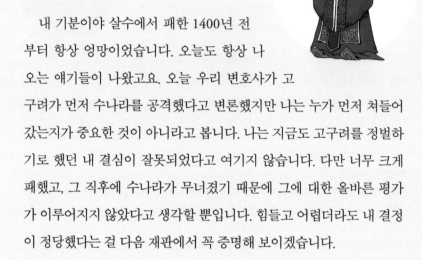
수양제

　내 기분이야 살수에서 패한 1400년 전
부터 항상 엉망이었습니다. 오늘도 항상 나
오는 얘기들이 나왔고요. 오늘 우리 변호사가 고
구려가 먼저 수나라를 공격했다고 변론했지만 나는 누가 먼저 쳐들어
갔는지가 중요한 것이 아니라고 봅니다. 나는 지금도 고구려를 정벌하
기로 했던 내 결심이 잘못되었다고 여기지 않습니다. 다만 너무 크게
패했고, 그 직후에 수나라가 무너졌기 때문에 그에 대한 올바른 평가
가 이루어지지 않았다고 생각할 뿐입니다. 힘들고 어렵더라도 내 결정
이 정당했다는 걸 다음 재판에서 꼭 증명해 보이겠습니다.

고구려 때 사용한 유물은
무엇이 있을까요?

신발

고구려는 청동기와 철기 제작 기술을 바탕으로 한 금
속 공예가 매우 발달해 있었습니다. 특히 고구려의
금동신발은 매우 특이한 것으로 볼 수 있습니다. 그
이유는 백제나 신라와는 다르게 신발 바닥에 쇠못이
많이 나 있기 때문이지요. 사진 속의 유물은 지린 성
지안에서 출토된 것으로 길이가 34.8cm에 달하는 고
구려 신발입니다.

수막새

고구려는 삼국 중 가장 먼저 기와를 만들어 사용한 것으로 알려져 있습니다. 그만큼 고구려의 건축 기술이 발전해 있었음을 알 수 있지요. 이 중 수막새는 목조 건축 지붕의 기왓골 끝에 사용했던 기와를 말하는데, 고구려 시대에 만들어진 기와는 여러 가지 형태였던 것으로 보입니다.

먼저 가장 상단에 있는 수막새는 전형적인 고구려 시대의 짐승얼굴무늬 기와입니다. 연꽃과 함께 짐승 얼굴이 표현되어 있어서 고구려적인 역동감을 느낄 수 있지요.

두 번째 있는 수막새는 고구려 초기의 것으로 흑회색을 띱니다. 중앙에 큼직한 씨방을 굵은 두 줄의 선으로 표현하고 그 주위를 여섯 부분으로 나누었지요. '연꽃무늬 수막새'라고도 불립니다.

위에서 세 번째에 있는 수막새는 지름이 18.2cm가 되며 짐승 얼굴 무늬를 한 것이 특징입니다. 과장된 큰 두 눈과 날카로운 이빨을 드러낸 짐승의 얼굴을 표현하여 매우 강한 인상을 풍깁니다. 이렇게 짐승의 얼굴을 새긴 것은 나쁜 것을 쫓기 위한 것으로 조상들이 많이 사용한 형태입니다.

네 번째 있는 수막새는 지름이 14.5cm에 해당하는 것으로, 전체적으로 적갈색을 띠며 중앙에 볼록 솟은 씨방이 자리하고 있는 것이 특징입니다. 그 주위에 덩굴 장식이 있지요.

귀걸이

서울시 광진구 능동에서 출토된 귀걸이로 길이는 6cm 정도되는 이 유물은 전형적인 고구려 귀걸이의 형태를 띠고 있습니다. 굵고 둥근 고리 아래에 고리가 있고, 다섯 개의 꽃무늬가 장식되어 있지요. 삼국시대에는 주로 금이 지배층의 권위를 상징하는 용도로 사용되었습니다. 금을 가질 수 있는 극히 한정되었기 때문입니다.

출처: 국립중앙박물관(www.museum.go.kr)

수양제는 왜 을지문덕에게 소송을 제기했을까?

1. 을지문덕은 강경파였을까?
2. 을지문덕의 승리가 고구려에 나쁜 영향을 주었을까?

1

을지문덕은
강경파였을까?

재판이 시작되기 전 웅성대던 방청객들을 법정 경위가 조용히 시켰다. 곧이어 자리에 앉은 판사가 말을 시작했다.

판사 자, 다들 조용히 해 주세요. 을지문덕 장군 대 수양제의 마지막 재판을 시작하겠습니다. 양측에서 모두 증인을 신청했는데, 오늘은 원고 측 증인의 이야기를 먼저 들어 볼까요? 원고 측 첫 번째 증인이 건무 씨? 건무라면 영류왕을 말하는 것인가요?

이중화 변호사 그렇습니다. 증인 영류왕은 영양왕의 이복동생으로 영양왕의 뒤를 이어 고구려의 왕이 되었습니다.

판사가 고개를 갸웃거리며 서류를 들여다봤다.

왜 을지문덕은 살수에서 물길을 막았을까?

판사   중국 측에서 수나라군을 격파한 고구려의 장군이자 왕을 증인으로 신청했다니 상당히 의외군요.

이중화 변호사   증인은 당시의 상황을 직접 겪으셨을 뿐 아니라 고구려의 왕이니, 피고 측에서도 증인의 증언을 무턱대고 거짓말이라고 우겨 대지 못할 것입니다.

판사   뭐, 어쨌든 좋습니다. 증인은 앞으로 나와서 선서해 주세요.

영류왕   나 영류왕은 오직 진실만을 말할 것을 선서합니다.

판사   증인은 자리에 앉아도 좋습니다. 원고 측 변호인, 신문 시작하세요.

이중화 변호사   먼저 증인, 이런 어려운 자리에 나오기 쉽지 않았을 텐데 나와 주셔서 감사합니다.

영류왕   솔직히 고구려의 왕으로서 중국 측의 증인으로 나가는 것이 옳은지 나 나름대로 고민을 하긴 했습니다. 밤잠을 설칠 정도였지요. 하지만 나 역시 오해와 비난 속에서 억울하게 눈을 감았어요. 누구의 편을 들기 위해서가 아니라 오직 진실을 밝히고자 이 자리에 서게 되었음을 알아주었으면 합니다.

이중화 변호사   오해와 비난 속에서 억울하게 눈을 감으셨다니, 제 의뢰인과 동병상련의 심정으로 나와 주셨군요. 그럼 질문을 시작하겠습니다. 증인은 피고 을지문덕과 고구려군을 이끌고 수나라군에 맞서 싸웠습니다. 맞습니까?

영류왕   맞습니다. 을지문덕 장군이 살수 이북의 군 지휘권을 맡고, 내가 도성 부근의 병력을 지휘하기로 **대로 회의**에서 결정되었습

대로 회의

고구려 후기의 최고위 관등인 대대로부터 다섯 번째 관등인 조의두대형까지 참석하는 고위급 회의로 추정됩니다. 주로 군사 기밀이나 주요 정책 현안 등을 토론하고 결정했던 것으로 판단됩니다.

처려근지

고구려 후기의 지방관으로, 도사라고도 불렸습니다. 고구려는 지방을 5부로 나눠서 다스렸는데 각 부에 속한 크고 작은 군현에 지방관을 파견했지요. 5부의 장관을 욕살이라고 불렀고, 그다음 규모의 군현을 관할하는 지방관을 처려근지라고 불렀습니다. 처려근지는 군대와 행정을 모두 장악했던 것으로 보입니다.

고육지책

자신의 몸을 상해 가면서까지 꾸며 낸 해결책을 뜻하는 말입니다. 일반적으로 어려운 상황을 벗어나기 위해 어쩔 수 없이 꾸민 계책을 말하지요.

이중화 변호사　을지문덕 장군에 대해서는 의외로 남아 있는 기록이 없습니다. 물론 그것 때문에 장군이 더 존경을 받고 있는 것일 수도 있습니다만……

영류왕　동감입니다. 수나라와 전쟁이 일어나지 않았다면 을지문덕은 변방의 처려근지(處閭近支) 정도의 위치밖에 오르지 못했을 겁니다. 나는 동래에서 출격할 수군을 막아야 했기 때문에 평양성에 남아 있었는데 생각보다 빨리 요하 방어선이 뚫렸습니다. 요동성과 다른 성들이 공격을 잘 막아 내긴 했지만 내호아가 이끄는 수군이 평양성을 포위하면서 또다시 위기가 찾아왔지요. 수군이 평양성을 포위한 걸 알게 되면 적들이 요동의 성들을 내버려 두고 그대로 남하할 텐데, 1백만 대군의 10분의 1만 내려와도 10만이었습니다. 수나라 군대가 내호아가 싣고 온 군량미를 보급받으면서 시간을 끌면 도저히 이길 방법이 없었지요. 그때 내가 뭘 했는지 아십니까? 추모왕의 사당에 가서 난생처음 진심으로 기도를 올렸습니다. 제발 이기게 해달라고, 저들을 물리치게 해 주시면 목숨이라도 내놓겠다고 말입니다.

이중화 변호사　증인은 평양성 외성으로 수나라군을 유인했다고 들었습니다.

영류왕　정공법으로는 수나라를 이길 수가 없었습니다. 고육지책으로 생각해 낸 것이 바로 유인책이었죠. 외성을 비우고 숨어 있다

가 성안으로 들어온 수나라군이 약탈을 하느라 흩어지면 바로 그때 기습하기로 한 겁니다.

이중화 변호사　저도 그 얘긴 들었습니다. 결사대를 이끌고 공격하셨다고 하더군요.

영류왕　나는 빈 절에서 부하들과 함께 숨죽여 있다가, 철갑으로 무장한 중장 기병들을 이끌고 약탈에 정신이 팔려 있던 수군을 공격했습니다. 내가 선두에 섰지요. 그땐 차라리 싸우다 죽는 게 마음이 편할 것 같다는 생각이 들 정도로 상황이 긴박하게 돌아갔습니다.

추모왕께서 살펴 주셔서 다행히 승리할 수 있었지만 1400년이 지난 지금도 당시 상황이 눈앞에 생생하게 펼쳐지는 것 같네요. ▶결국 내 호아군은 주둔지로 물러나지 않을 수 없었는데, 여기서 수나라와의 전쟁을 끝냈어야 했습니다. 그런데 어리석은 을지문덕이 훼방을 놓았지 뭡니까.

영류왕의 증언에 방청석이 술렁거렸다.

"그럼 영류왕이 다 끝낸 전쟁을 을지문덕 장군이 다시 일으켰다는 거야, 뭐야?"

"을지문덕 장군이 무슨 전쟁광도 아니고 그럴 리가 없잖아."

이중화 변호사 증인이 거의 마무리 지은 전쟁을 을지문덕 장군이 방해를 했다고요? 아주 흥미로운 사실이군요.

김고려 변호사 증인, 그런 터무니없는 거짓말로 고구려를 욕보이려고 이 자리에 나오신 겁니까? 고구려 왕으로서 수치스러운 줄 아셔야죠!

판사 어허, 김고려 변호사! 감정적 대응은 자제해 주기 바랍니다. 잠시 후에 피고 측에도 증인 신문 할 시간을 드리겠습니다.

영류왕 나는 지위가 높은 사람일수록 냉정하게 현실을 직시해야 한다고 봅니다. 수나라와 우리의 국력은 생각하는 것 이상으로 차이가 매우 컸습니다. 차라리 적당한 선에서 협상을 하면 서로 상처받지 않고도 체면을 살릴 수 있었지요. 그래서 나는 바로 영양왕 형님께 이 말씀을 드리고, 전선에 나가 있던 을지문덕 장군에게 협상을 시작하라고 명령했습니다.

이중화 변호사   오, 놀랍군요. 보통 이런 경우라면 승리에 취해 더욱 자신의 권력을 다질 생각을 했을 텐데, 증인은 남들이 미처 생각하지 못한 부분까지 생각하고 계셨군요.

이중화 변호사의 칭찬에 영류왕은 살짝 미소를 머금었다.

영류왕   그런데 을지문덕 장군에게서 전혀 엉뚱한 답변이 돌아왔습니다. 수나라 군영을 살펴보았더니 식량 보급에 문제가 있는지 다들 헐벗고 굶주려 보인다나요? 그래서 수나라 군대를 우리 땅 깊숙이 유인하면 한 번에 격파할 수도 있겠다고 하더군요. 너무 위험한 계획이라서 막아야겠다고 마음먹었는데 이미 늦었습니다. 긴가민가하던 사람들도 내가 승리했다는 소식에 힘입어 섣부른 자신감을 가진 겁니다.

이중화 변호사   방금 증언하신 게 사실이라면 을지문덕 장군은 전쟁을 끝낼 수 있는 기회를 걷어찬 셈이군요.

영류왕   그렇지요. 지금이야 고구려가 승리한 것을 다 알고 있으니까 그의 결정과 용기를 칭찬할 수 있지만 그때는 아니었습니다. 1백만이나 되는 대군을 상대로 유인 전술을 쓰겠다는 배짱이 대체 어디서 나왔는지, 참.

이중화 변호사   말씀 감사합니다. 이것으로 제 질문은 모두 마치겠습니다.

판사   피고 측, 반대 신문을 하겠습니까?

김고려 변호사   지금은 그냥 넘어가겠습니다. 잠시 후에 제 의뢰인을 신문하는 것으로 대신하지요.

판사   좋습니다. 그럼 증인은 내려가도 좋습니다.

증인석에서 일어난 영류왕은 이중화 변호사에게 귓속말을 건넸다. 환한 표정으로 고개를 끄덕거린 이중화 변호사가 자리에 돌아오자 김고려 변호사가 자리에서 일어났다.

김고려 변호사   판사님, 이제 피고를 불러 주시기 바랍니다.

판사   좋습니다. 피고 을지문덕은 앞으로 나와 선서하고 증인석에 앉기 바랍니다.

을지문덕   나 을지문덕은 오직 진실만을 말할 것을 엄숙히 맹세합니다.

증인석에 앉은 을지문덕에게 김고려 변호사가 다가갔다.

김고려 변호사   증인 영류왕의 증언에 의하면, 피고는 수나라와 전쟁을 끝내는 것을 원하지 않았다고 합니다. 솔직히 저도 의외라는 생각이 들었는데요. 왜 영류왕이 내호아의 수군을 격파한 시점에서 전쟁을 끝내지 않았던 겁니까?

눈을 감고 잠시 생각에 잠겨 있던 을지문덕이 마침내 입을 열었다.

오합지졸
까마기가 모인 것처럼 질서 없는 군사를 말합니다.

을지문덕　　일단 당시 상황은 영류왕 폐하께서 잘 설명해 주셨습니다. 내호아의 수군이 도성을 포위했을 때가 가장 큰 위기였지요. 요동의 성들이 그런대로 버텨 주고는 있었지만, 언제까지 그렇게 시간만 보낼 수는 없었으니까요. 후대 사람들은 당시의 수나라 군대를 머릿수만 많은 오합지졸쯤으로 생각할지도 모르겠지만, 그들은 매우 버거운 상대였습니다. 요동의 성들을 구원하기 위해 여러 차례 싸움을 벌였지만 뜻대로 되지 않았으니까요. 오래 끌면 끌수록 불리해지는 건 고구려였는데, 마침 도성을 포위했던 내호아의 군대가 패배했다는 소식이 들리지 뭡니까?

김고려 변호사　　그래서 기회다 싶어 전쟁의 뜻을 굳힌 것입니까?

을지문덕　　아닙니다. ▶오히려 나는 수나라 진영에 협상을 하자는 서찰을 보냈습니다. 말이 협상이지, 사실 수나라가 제시하는 조건을 받아들일 생각이었고요. 하지만 협상을 위해 수나라 진영을 찾아갔을 때, 나는 그대로 감금될 뻔했습니다.

김고려 변호사　　협상을 위해 찾아갔는데 사로잡힐 뻔했다고요?

교과서에는

▶ 을지문덕 장군은 적진에 들어가 수나라 군대가 고구려에서 철수하면 항복하겠다고 거짓으로 항복을 청했습니다. 이때 그는 수나라 군대에 식량 사정이 좋지 다는 것을 알아차렸지요.

을지문덕   네, 맞습니다. 나는 처음에 사자를 보내서 협상을 해 보
고자 하였는데, 수나라 측에서 지휘관이 오지 않으면 협상을 하지
않겠다고 하지 뭡니까. 그래서 직접 찾아가게 되었지요. 그런데 수
나라는 다짜고짜 나를 감금하려 들더군요. 다행스럽게도 유사룡이
라는 수나라 관리가 반대해서 간신히 풀려날 수 있었지만 사실 정말
황당했습니다. 나중에 들으니 수나라 황제가 나나 우리 폐하가 찾아
오면 잡아 두라는 비밀 명령을 내렸다고 하더군요. 그때 난 확실히
깨달았습니다. 항복해도 아무 소용이 없겠다고 말입니다.

법정 안은 순간 침묵이 흘렀다. 이중화 변호사나 수양제조차 입을 다 물었다. 그것은 노장군의 두 뺨에 흐르는 눈물 때문이었다.

을지문덕　　추모왕께서 굽어살펴 주신 덕분에 나는 추격을 뿌리치고 간신히 살아 돌아올 수 있었습니다. 풀려나고 보니 눈물이 핑 돌더군요. 대체 우리가 무슨 잘못을 했기에 이렇게 가혹한 시련을 겪어야 하는지 밤새 고민을 거듭한 결과, 한 가지 답을 얻었습니다. 싸워야 한다는 것이었지요. 그렇게 결심하고 나니 적의 빈틈이 보이더군요.

김고려 변호사　　빈틈이라고요?

을지문덕　　네. 내가 수나라 군영을 찾아갔을 때 병사들을 자세히 살펴보았습니다. 그때 본 병사들 얼굴이 하나같이 핏기가 없고 힘들어 보이지 뭡니까? 난 평생을 군사들과 함께한 몸이기 때문에 군사들 얼굴만 보아도 그 군대의 상황을 파악할 수 있었지요. 이기고 있는 군사들의 얼굴이 지쳐 보이는 것은 단 한 가지 이유뿐입니다. 바로 밥을 굶고 있다는 것이지요. 난 탁군까지 운하가 뚫려 있어서 적어도 요동이나 압록강 이북 지역은 식량 보급에 별문제가 없으리라 판단하고 있었습니다. 그런데 다른 곳도 아니고 지위가 제일 높은 장군이 지휘하는 군대조차도 이렇게 굶주리고 있으니, 다른 부대는 말할 필요도 없었지요.

김고려 변호사　　그래서 피고는 수나라 군대를 물리치기 위해 구체적으로 어떤 전략을 세웠습니까?

을지문덕　　답은 오직 하나뿐이었습니다. 적을 지치게 만드는 것이었죠. 지치게 하려면 많이 움직이게 해야 합니다. 함정이라는 걸 적이 눈치채지 못하게 하면서 말입니다. 힘든 일이었지만 어쨌든 나는 적군을 평양성까지 끌어들이는 데 성공했습니다. 지치고 굶주린 적군을 말입니다.

김고려 변호사　　『삼국사기』의 기록을 보면, 수나라 군대는 압록강에서 출발할 때 3개월분의 식량과 무기를 가지고 왔지만 무거워서 중간에 다 버리는 바람에 식량이 부족했다고 하던데요.

을지문덕　　무겁기도 했겠지만 내호아의 수군과 만나면 군량을 보급받을 수 있을 것이라고 믿었던 것이지요. 나는 그들이 항복할 거라는 확신이 들었습니다. 그런데 정말로 평양성에 도착한 그들은 군대가 아니라 단지 먹을 것에 굶주린 무리에 불과했습니다.

김고려 변호사　　그때 장군께서 그 유명한 오언시를 보내신 겁니까?

을지문덕　　▶맞습니다. 어쨌든 30만 대군이 도성 코앞에 진을 치고 있으니 어떻게든 물러나게 만들어야 했습니다. 그래서 물러나면 폐하께서 당나라에 인사를 갈 것이라고 서찰을 보내고, 시도 한 구절 써서 보낸 것이지요. 나도 진심이 아니었고, 그쪽도 안 믿었지만 그 상황에서는 그게 중요한 게 아니었습니다. 결과적으로 그들은 평양성에서 물러났지요. 이승에서의 삶 속에서 가장 기쁘고 행복한 날이었다고 할 수 있어요. 부족한 나에게 적들을 물러나게 할 수 있는 힘과 용기를 준 추모왕께 감사하고 또 감사했습니다.

김고려 변호사　　그리고 달아나는 적들을 추격하셨군요.

을지문덕　당연히 그랬어야 했습니다. 비록 지치고 굶주린 자들이 있지만 압록강 북쪽에 진을 치고 있는 자들과 합류하면 또다시 힘을 키워 우리를 공격할 수도 있었으니까요.

김고려 변호사　살수에서 막았던 둑을 터뜨려서 수나라 대군을 수장시켰다는 얘기는 저도 잘 알고 있습니다.

을지문덕　소가죽으로 물을 막아 봤자 얼마나 막을 수 있었겠습니까? 둑을 터뜨린 것은 단지 수나라 군대가 강을 건널 때 흐름을 끊기 위해서였습니다. 어쨌든 30만이나 되는 대군을 한 번에 공격할 수는 없었지요. ▶물을 흘려보내 군대의 허리를 절단시키고, 후방을 집중적으로 공격했습니다. 그러면 강을 이미 건넌 쪽은 되돌아와서 도와줄 형편이 못 되고, 남아 있는 쪽 또한 싸우기보다는 안전한 강 건너편으로 도망칠 테니까요.

김고려 변호사　작전은 대성공이었지요? 30만 5천 명 중에 살아 돌아간 자가 고작 2천 7백여 명뿐이었으니까요. 역사상 그렇게 큰 승리는 없었다고 봅니다.

　　김고려 변호사의 말에 방청하던 고구려 출신 영혼들의 얼굴이 자부심으로 빛났다.

을지문덕　추모왕의 은혜였습니다. 잘 싸워 준 부하들 덕분이었고요. 여러분이 고구려를 위해 싸우다 죽은 이들에게 진정으로 감사하는 마음을 가졌으면 좋겠습니다. 난 단

▶ 고구려 군대는 수나라 군대가 살수를 절반쯤 건넜을 때, 미리 막아 두었던 둑을 터뜨렸습니다. 그리고 압록강을 건너 요동 지방까지 수나라 군대를 쫓아가서 거의 전멸시켰지요. 이때 목숨을 건진 수나라 군사는 2천7백여 명밖에 되지 않는다고 합니다.

지 자리만 지킨 늙은이였으니까요.

김고려 변호사   이상으로 신문을 마치겠습니다

판사   좋습니다. 원고 측 변호인, 반대 신문 있습니까?

이중화 변호사   물론입니다. 일단 증인이 조국을 지키기 위해 애쓴 것에 대해서는 인정하는 바입니다. 하지만 여전히 속 시원히 풀리지 않는 의문점이 남아 있습니다. 전쟁을 끝낼 기회가 왔음에도 끝내지 않은 이유 말입니다.

을지문덕   아까 영류왕께서 나가실 때 이 변호사에게 뭔가 얘기를 한 모양인데 망설이지 말고 물어보세요.

이중화 변호사   피고의 성은 특이하게도 두 글자이지요? 삼국은 물론이고 중국에서도 대부분 한 글자로 된 성을 쓰고 있는데 말입니다. 복성을 쓰는 쪽은 주로…….

을지문덕   이 변호사가 무슨 얘기를 할지 대충 짐작이 가는군요. 선비족 중에 '울지'라는 성을 쓰는 부족이 있긴 합니다. 그중 한 명이 당태종 밑에서 활약한 울지경덕이고요. 두 글자로 된 성은 주로 유목민들이 씁니다.

이중화 변호사   피고가 그렇게 큰 공을 세우고도 별다른 기록을 남기지 못한 것은, 피고가 외지인이기 때문이라는 의견도 많은데, 어떻게 생각하시는지요?

을지문덕   내 출신이 어딘지에 대해 말들이 많은 것은 익히 들어서 알고 있어요. 실제로 이 변호사랑 같은 의견을 낸 대학교수도 있었고 말입니다.

이중화 변호사　　　그럼 이제 피고께서 직접 진실을 말씀해 주시지요. 장군께서는 선비족 출신이십니까? 아니면……

을지문덕　　　난 고구려 사람입니다. 이 변호사가 하고 싶은 얘기가 무엇인지 내가 어디 맞춰 볼까요? 당신은 지금 선비족 출신인 내가 고구려에 뿌리내리기 위해서, 혹은 공을 세워 왕에게 인정받기 위해서 수나라와의 전쟁을 무리하게 이끌어 나갔다는 말을 하고 싶은 거 아니오?

이중화 변호사　　　논점을 흐리지 않았으면 합니다. 증인의 가문은 선비족 출신입니까? 예, 아니오로만 답해 주십시오.

을지문덕　　　내 조상이 누구인지는 확실하게 얘기해 줄 수가 없습니다. 당시는 요즘처럼 족보를 대대로 물려받는 일도 없었으니 이름난 귀족 집안이 아니면 자기 할아버지의 할아버지가 누구인지 모르는 사람들이 허다했어요. 핏줄이 그렇게 중요한가요? 연개소문의 큰아들인 남생의 자식들은 고구려의 핏줄을 이어받았지만 중국인으로 살다가 중국인으로 죽었지요. 그런 자에게 고구려인이라는 사실이 무슨 의미가 있었을까요? 또 살수에서 잡힌 수나라 포로의 자식들 중에는 당나라군과 싸우다 죽은 이들도 적지 않았어요. 그들은 죽을 때 수나라 사람으로 죽었을까요, 아니면 고구려인으로 죽었을까요? 고구려가 수백 년간 세상에 뿌리를 내린 거대한 나무라고 본다면, 거기에서 가지를 뻗고, 꽃을 피운 사람들이 바로 고구려인이 아니고 누구겠습니까?

이중화 변호사　　　증인, 딴 얘기 하지 마시고요. 저는 증인이 전쟁을

계속하기로 결정한 것에 증인의 출생이 어떠한 영향을 미쳤는지를 알고 싶은 것입니다.

김고려 변호사 판사님, 이의 있습니다. 제 의뢰인이 정확히 답변을 하기 어려운 이유를 밝혔음에도 불구하고, 상대 측 변호인은 자신이 원하는 답변을 얻고자 제 의뢰인에게 대답을 강요하고 있습니다. 계속 신문을 진행하고 싶다면 상대 측 변호인은 피고가 고구려인이 아니라 선비족이라는 확실한 증거를 제시해야 할 것입니다.

판사 인정합니다. 원고 측 변호인은 확인된 사실만을 신문하기 바랍니다. 또한 증인에게 답변을 강요해서는 안 됩니다.

수나라를 물리친 오언시

神策究天文(신책구천문)

妙算窮地理(묘산궁지리)

戰勝功旣高(전승공기고)

知足願云止(지족원운지)

그대의 신통한 계책이 하늘의 이치를 깨달은 듯하고

그대의 기묘한 계략은 땅의 이치를 모두 아는 듯하네

이미 전쟁에 이겨서 그 공이 높으니

이제 만족할 줄 알고 그만둠이 어떠한가

을지문덕 장군은 거짓으로 후퇴하며 수나라 군대를 평양성 쪽으로 유인했습니다. 그리고 기진맥진한 수나라 군대에 시를 한 수 보냈지요.

시의 내용은 이 정도면 수나라가 승리한 것이니 이제 그만 물러나라는 뜻이었지요. 결국 을지문덕 장군의 시를 받은 수나라 군대는 퇴각을 결정했고, 이를 뒤쫓은 을지문덕 장군은 살수에서 큰 승리를 거둘 수 있었습니다.

왜 을지문덕은 살수에서 물길을 막았을까?

을지문덕의 승리가 고구려에
나쁜 영향을 주었을까?

이중화 변호사   판사님, 새로운 증인을 부르고자 합니다.

판사   원고 측 증인이라면, 연개소문의 큰아들 남생이 남았군요. 좋습니다. 증인은 앞으로 나와서 선서해 주세요.

배신자라는 소리가 나지막이 들려오는 방청석을 뒤로한 채 남생 이 손을 들고 선서를 했다.

남생   나는 신성한 한국사법정에서 오직 진실만을 말할 것을 선서 합니다.

이중화 변호사   오시느라 수고 많으셨습니다. 증인은 고구려의 멸 망을 두 눈으로 직접 지켜보셨는데요.

김고려 변호사   직접 봤을 뿐만 아니라 자기 손으로 멸망시키셨죠.

판사   김고려 변호사, 변론 중에 그렇게 끼어들면 어떡합니까? 알 만한 사람이 그러면 됩니까? 감정적인 대응은 삼가기 바랍니다.

판사의 질책에 김고려 변호사는 팔짱을 끼고 남생을 노려봤다. 그러나 정작 남생은 그런 시선에는 아랑곳하지 않는 듯 편안한 모습이었다.

이중화 변호사   증인은 고구려의 멸망을 냉정하고 객관적으로 바라볼 수 있는 위치에 있었다고 여겨집니다. 증인이 보기에 고구려가 멸망한 이유는 어디에 있습니까?

남생   ▶나의 아버지 연개소문 때문이었습니다. 아버지께서는 왕을 시해하고 정권을 장악한 후에도 지속적으로 반대파를 탄압했습니다. 반항할 기미가 보이던 귀족들과 장군들이 숙청당하는 와중에 지방의 민심이 이탈하고 말았지요.

이중화 변호사   사실 갈등 관계나 충돌 양상을 보면 당나라와 고구려 간의 전쟁은 수나라와 고구려 간 전쟁의 연장선에 있었다고 봐도 좋을 것 같은데요. 증인은 한때 고구려의 **대막리지**를 지낸 분으로서 양국 간의 전쟁이 길어진 원인이 무엇이라고 보십니까?

남생 내 생각으로는 살수에서 고구려가 승리했기 때문인 것 같습니다.

방청석이 또다시 소란스러워졌다. 자리에서 벌떡 일어난 고구려 출신 영혼들이 삿대질을 하며 당장이라도 달려 나올 기세를 보이자 판사가 서둘러 그들을 제지했다.

판사 다들 흥분을 가라앉히기 바랍니다. 소란을 피우면 법정 밖으로 즉시 쫓겨날 것입니다. 변호인은 증인 신문을 계속하세요.

이중화 변호사 판사님, 감사합니다. 증인, 그럼 질문을 계속 드리도록 하지요. 아까 증인으로 나온 영류왕의 증언에 의하면, 을지문덕 장군의 개인적인 판단 때문에 끝낼 수 있었던 전쟁을 끝내지 못했다고 하는데, 이 점은 동의하십니까?

남생 애초부터 고구려는 중국의 상대가 되지 못했습니다. 당나라는 자기들이 원할 때마다 병력을 동원해서 공격을 감행했고, 고구려는 그걸 막아 내기에 급급했지요. 그때마다 싸움터는 항상 고구려 땅이었고, 설사 전쟁에서 이긴다 해도 그 지역의 그해 농사는 망친 거나 다름없었습니다. 사실 수나라와 전쟁을 벌일 때부터 늘 그래 왔지요. 수나라는 30만이나 되는 대군이 살수에서 몰살당했는데도 그다음 해, 그리고 그다음 해까지 군대를 일으켜 고구려에 쳐들어왔으니까요. 당나라가 들어선 다음에도 마찬가지였습니다. 645년에 침략했을 때도 당태종은 30만을 간단하게 동원했고, 그 후에도 수십

만 대군이 몰려왔습니다. 애초에 출발부터가 확연히 다른 전쟁이었

지요. 이런 대군을 이긴다는 것은 거의 기적에 가까웠습니다.

이중화 변호사   그런데 피고 측에서는 지난 재판 때부터 고구려가

중국에 항복을 했더라도 크게 달라질 게 없었을 거라고 주장하는데

요. 증인도 그렇게 보십니까?

남생   나도 처음에는 그렇게 생각했습니다만, 그것은 오해였습니

다. 중국은 국경이 접한 곳에 고구려와 같이 강력한 나라가 있는 것

을 싫어하긴 했지만, 고구려를 송두리째 없애 버리려고 하지는 않았

습니다. 보장왕만 보더라도 당나라에 항복하였지만, 말갈족과 역모

를 꾸미기 전까지는 요동주 도독 조선 왕으로서 고구려 유민들을 다스렸기든요.

이중화 변호사　만약 고구려가 미리 중국에 굽히고 들어갔다면 어떻게 되었을까요?

남생　일단 고구려가 압록강까지 물러나고 태자나 왕이 중국에 찾아갔다면 굳이 피를 볼 이유는 없었을 거라고 봅니다. 고구려 입장에서는 자존심이 조금 상하는 일이기는 하지만 위기에 처할수록 냉정하게 주변을 살펴야 한다고 봅니다. 그런데 고구려는 끝끝내 그렇게 하지 않았고, 그 때문에 멸망하고 말았지요.

이중화 변호사　증인은 당나라에 적대적이었던 아버지의 뒤를 이어 대막리지에 올라 국정을 운영했는데요. 증인은 아버지와는 반대로 당나라와 유화 정책을 펴려고 노력했던 것 같은데, 맞습니까?

남생　맞습니다. 내가 대막리지에 오르자마자 가장 처음 한 일이 왕께 고해 당나라의 **봉선 의식**에 복남 태자를 참석시킨 것입니다. 물론 말로 표현하기 힘들 정도로 많은 반발이 있었고, 특히 두 동생인 남건과 남산은 극심하게 반대했지요.

이중화 변호사　그럼에도 불구하고 증인이 당나라와 화친하려고 한 것은 무엇 때문입니까?

남생　그 일 때문에 나는 고구려인이 아니고 당나라 사람이라는 비난까지 들어야만 했습니다. 하지만 나는 근거도 없이 '무조건 승리한다'고 믿는 것은 나라의 미래에 아무런 도움이 되지 않는다고 사람들을 설득했지요.

봉선 의식
중국이 태산에서 황제가 하늘에 제사를 지내는 것을 말해요. 큰 업적을 세운 황제만이 거행할 수 있으며 진시황과 한무제, 당고종 같은 이들이 거행했다고 합니다.

피로스의 승리

피로스는 고대 그리스 지역에 있던 에피로스의 왕입니다. 로마와 두 차례 싸워서 승리를 거두지만 큰 피해를 입었고, 결국 마지막 싸움에서 패배하고 말지요. 이후 큰 손실을 입어서 의미가 없어진 승리를 피로스의 승리라고 부릅니다.

이중화 변호사 증인이 그렇게 말하면 사람들은 뭐라고 했습니까?

남생 사람들은 고구려가 살수에서 수나라에 한 번 이긴 경험을 계속 들먹였습니다. 수나라도 이겼는데 당나라라고 못 이길 이유가 없다는 것이지요.

이중화 변호사 참 답답하셨겠네요.

남생 살수에서 승리한 경험이 고구려인들에게 무모한 자신감을 심어 준 것입니다.

이중화 변호사 결국 살수에서의 승리가 오히려 고구려의 발목을 잡은 셈이군요.

남생 살수에서의 승리는 서양 속담을 빗대자면 **피로스의 승리**라고 말할 수 있지요. '이겨도 이기지 못한 승리'라는 말입니다.

김고려 변호사 판사님, 이의 있습니다. 살수대첩은 한민족이 거둔

빛나는 승리입니다. 그런데 그걸 피로스의 승리와 비교하다니 이는 명백한 폄훼입니다.

이중화 변호사 김 변호사는 지금 증인이 한 말의 핵심을 파악하지 못하고 있군요. 증인은 살수대첩이 고구려의 빛나는 승리가 아니었다고 주장하려는 게 아닙니다. 다만, 살수대첩으로 인해 끝낼 수 있었던 전쟁을 끝내지 못했다는 것을 말하는 것입니다. 애당초 고구려는 수나라와 대적할 상대가 아니었습니다. 어쩌다 한 번 요행으로 이긴 걸 믿고 전쟁을 지속하려다 결국 고구려는 멸망한 것이 아닐까요?

김고려 변호사 판사님, 증인을 반대 신문 하고 싶습니다. 허락해 주십시오.

판사 좋습니다.

김고려 변호사 증인은 정말 을지문덕 장군의 승리가 고구려의 운명에 아무런 도움이 되지 않았다고 믿습니까?

남생 그렇습니다.

김고려 변호사 증인은 고구려가 멸망하고 무슨 일이 일어났는지 아십니까? 기록마다 약간의 차이는 있지만 최대 20만 명에 달하는 고구려 백성이 당나라로 끌려갔습니다. 당나라가 정말 고구려를 존속시킬 생각이 있었다면 그런 짓은 벌이지 않았겠죠.

남생 그거야…….

김고려 변호사 증인은 을지문덕 장군의 승리가 고구려의 운명에 아무런 도움이 되지 않았다고 했습니다. ▶하지

교과서에는

▶ 연개소문은 강경한 대외 정책을 폈습니다. 신라를 공격하지 말라는 당나라의 간섭도 단호하게 거부했지요. 그러자 당나라는 연개소문이 정변을 일으킨 것을 핑계로 고구려를 공격했습니다.

만 증인 역시 당나라에 항복하기 전까지는 아버지였던 연개소문과 더불어 당나라에게 창끝을 겨누지 않았습니까?

남생　아버지의 뜻이었죠. 아버지가 두 눈을 시퍼렇게 뜨고 있는데 내 마음대로 할 수도 없는 노릇 아닙니까?

　김고려 변호사는 남생의 볼멘소리를 듣고는 기세등등하게 질문을 이어 갔다.

김고려 변호사　그럼 을지문덕 장군은 어떤 결정권이 있어서 전쟁을 원하는 시점에 끝낼 수 있었을까요? 왕이나 왕족도 아니고 일개 장군이었을 뿐인데요?

남생　퇴각하는 수나라군을 살수에서 전멸시키지 말고 그냥 돌려보냈으면 되지 않았을까요?

김고려 변호사　증인이 그렇게 말할 줄 알았습니다. 그래서 앞서 재판에서 증인으로 나오셨던 영양왕께 이에 대해 질문서를 보냈더니 답변이 왔더군요. 판사님! 영양왕이 보내신 답변서를 봐 주십시오.

판사　네. 변호사는 답변서 내용을 공개하세요.

김고려 변호사　네. 제가 영양왕께 드린 질문은 '과연 을지문덕 장군이 퇴각하는 수나라군을 추격하겠다는 보고를 했는지', '만약 보고를 했다면 왕께서는 어떤 답변을 했는지'입니다. 영양왕의 답변은 을지문덕이 그러한 보고를 한 바 있고, 왕은 적을 추격해서 공격하라고 명령했다고 합니다. 즉, 당시 을지문덕 장군은 스스로 판단하여 적의 추격을 포기할 수 없었던 겁니다. 증인 남생이 아버지 연개소문에게 저항하지 못했던 것처럼 말입니다.

판사　을지문덕 장군으로서는 영양왕의 명령을 거역할 수 없었겠군요.

김고려 변호사　맞습니다. 살다 보면 사람들은 스스로도 어쩔 수 없는 운명과 마주치곤 합니다. 일반적으로 사람들은 '그때는 어쩔 수 없었다', '일단 피하고 봐야 하는 것 아니냐', '나라고 하고 싶어서 했겠느냐'는 식의 변명들을 하지요. 그런데 그렇게 살지 않은 사람들도 있다는 사실을 아십니까? 을지문덕 장군은 아무 생각이 없어서 적진에 혈혈단신 찾아갔던 것일까요? 곰곰이 생각해 보시기 바랍니다. 이상 신문을 마치도록 하겠습니다.

판사　벌써 시간이 이렇게 되었군요. 이상으로 을지문덕 대 수양제의 세 번째 재판을 마치도록 하겠습니다. 잠깐 휴정한 후에 원고와 피고의 최후 진술을 듣도록 합시다.

고구려의 활, 맥궁

박진감이 넘치는 무용총의 수렵도

　고구려 사람들은 성능이 우수한 활을 만드는 것으로 유명했습니다. 고구려 사람들이 만든 활은 '맥궁'이라고 불렸는데, 이 활의 우수함은 중국에까지 알려졌지요. 중국의 역사책인 『위지』에는 '고구려에서 맥궁이라는 좋은 활이 나온다'고 기록되어 있습니다. 맥궁은 쇠붙이나 동물의 뿔을 사용해서 만들었다고 합니다. 위 그림은 고구려 시대의 무덤인 무용총의 벽화인데요. 이 그림에 그려진 활의 모습에서 맥궁의 모습을 추측해 볼 수 있습니다.

다알지 기자

을지문덕과 수양제의 재판이 오늘로 모두 끝났습니다. 이제 양측의 최후 진술만을 남겨 두고 있는데요. 오늘 재판에서 원고 측은 고구려의 영류왕과 남생을 증인으로 신청해 모두를 깜짝 놀라게 했습니다. 영류왕은 자신이 내호아의 군대를 물리쳐서 다 끝낸 전쟁을 을지문덕이 재개했다며 피고를 비판했습니다. 이에 대해 을지문덕은 수나라 군대의 진영을 방문했던 경험을 이야기하며 살수대첩의 정당성을 주장했지요. 한편 남생은 고구려 출신 영혼들의 야유 속에서도 꿋꿋하게 을지문덕의 승리를 비판했습니다. 살수에서 승리했기 때문에 고구려 사람들이 지나친 자신감을 가졌고, 국제 정세를 똑바로 보지 못했다는 것이지요. 그럼 오늘은 특별히 당시 살수대첩에 직접 병사로 참전했던 양쪽 백성들 얘기를 들어 보도록 하겠습니다. 제 옆에는 고구려 백성 쇠금이 씨와 수나라 양웨이펑 씨가 나와 있습니다. 당시 상황이 어땠나요?

쇠금이

처음 백만 명이 넘는 수나라 군대를 봤을 때는 얼마나 겁이 났는지 제대로 서 있지도 못했죠. 그래도 죽을 각오를 하고 있었는데, 우리 군은 퇴각만 하지 뭡니까? 그렇게 도성까지 꽁지가 빠지게 도망쳤는데 알고 보니까 그 뭐냐, 유인 전술이라고 하더라고요. 뭔지는 모르겠지만 높으신 분들이 생각이 있겠지 했는데, 갑자기 적들이 도망을 치기 시작했습니다. 그러다 살수까지 쫓아갔는데, 와! 상류에서 물이 쫙 흘러내려 오더니 허우적거리며 건너가던 놈들을 그냥 덮쳐 버리더라고요. 뭐 사람이 쓸려 내려갈 정도는 아니었지만 말입니다. 고개 위에서 그걸 보는데 얼마나 속이 시원한지. 그리고 공격을 알리는 북소리가 들리자마자 냅다 뛰어 내려가서는 확 쓸어버렸죠. 우리가 승리한 건 좋지만 그래도 전쟁은 지긋지긋합니다.

왜 을지문덕은 살수에서 물길을 막았을까?

양웨이펑

　생각만 해도 끔찍합니다. 탁군에서 출발할 때 40일 동안 차례차례 출발했는데 먼저 출발하는 부대랑 제일 나중 부대랑 무려 960리나 늘어졌단 말입니다. 고구려군이 우리 군을 보고 겁을 먹고 알아서 항복할 거라고 생각한 게 무리가 아니었죠. 처음에는 놈들이 계속 도망쳐서 우리가 정말 이기는 줄 알았다니까요. 그런데 먼저 바다를 건너온 수군이 크게 패했다는 소식이 들렸고 항복한다고 하던 고구려는 딱 버티고 있지 뭡니까. 결국 퇴각을 결정할 수밖에 없었지요. 그런데 어디서 나타났는지 고구려 놈들이 사방에서 덤벼들더라고요. 쇠심줄 같은 고구려 놈들, 정말 지독했어요. 도망치는 중에 공격을 받으니까 다들 불안했습니다. 그러다 살수라는 곳에 도착했는데 둑이 터지고 물이 정강이까지 차오르니 움직이기가 힘들더라고요. 지금도 그때 생각만 하면 오금이 저려요.

수나라가 고구려를 침략한 것은
정당한 일입니다

VS

나, 을지문덕은 고구려의 장수로
사명을 다했소

판사 자, 이제 양측의 최후 진술을 제외한 모든 재판이 끝났습니다. 양측이 한 치의 물러섬도 없이 치열한 법정 공방을 펼쳤는데요. 역사의 승자를 재평가하는 새로운 시도라는 칭찬이 있는 반면, 패자에게 일방적인 변명의 기회만을 제공했다는 비판 또한 있습니다. 평가는 여러분의 몫입니다. 자, 이제 원고 측부터 최후 진술 하십시오.

수양제 나는 오랫동안 이런 자리를 기다려 왔습니다. 후대 사람들이 나를 형제를 모함하고, 아버지를 죽였으며, 아버지의 첩을 강탈한 패륜아로만 기억하고 있기 때문입니다. 그뿐만이 아닙니다. 나는 대운하를 파서 백성을 괴롭힌 포악한 군주가 되어 버렸고, 호화로운 배를 타고 여행만 즐기던 한심한 황제로 남게 되었습니다. 또 고구려 사람들에게는 그들을 괴롭힌 침략의 원흉이 되어 버렸지요.

하지만 나쁘게 말하려면 얼마든지 나쁘게 비판할 수 있고, 좋게 평가하려면 한없이 좋게 포장할 수 있는 것이 역사 아닌가요?

　네, 나는 황태자의 자리를 놓고 형과 경쟁을 벌였고, 남북을 잇는 대운하 공사를 벌여 수많은 백성이 고생하기도 했습니다. 또 백만 대군을 동원해 고구려를 침략했다가 살수에서 크게 패하여, 분노한 백성의 반란에 수나라 왕조가 역사 속에 짧은 흔적만을 남기고 사라지는 비운을 겪기도 했고요. 하지만 후대인들의 평가는 너무 가혹하고 한쪽으로만 치우쳤다는 생각이 듭니다. 그것이 내가 손가락질을 무릅쓰고 이 자리에 나온 가장 큰 이유이고요.

　백성의 피와 땀으로 만든 대운하는 수나라에 이어 건국된 당나라가 잘 이용하였습니다. 운하는 자동차나 기차가 없던 시대에는 지금의 고속도로와 같은 역할을 했지요. 운하로 인해 중국은 하나가 되었고, 진정한 통합을 이룩할 수 있었습니다. 고구려와 끊임없이 전쟁을 벌인 것 또한 고통과 죽음이 뒤따랐지만 반드시 필요한 일이었습니다. 고구려는 늘 중국을 침략해 백성을 잡아가고 재물을 약탈해 갔으니까요. 그들은 중국이 분열되면 상황을 적절히 이용해 자신들의 이익을 챙기더군요. 하지만 수나라 왕조가 중국을 통일하자 고구려는 공공연히 적대감을 표시했습니다. 그들은 북방의 유목민들을 부추겨 중국을 공격하게 한 것도 모자라 왕이 직접 군대를 이끌고 쳐들어오기도 했습니다.

　그런 상황에서도 나는 사신을 보내 점잖게 타이르는 등 전쟁을 피하려고 최대한 노력했습니다. 하지만 고구려는 내 여동생의 남편이기도 한 동돌궐의 수장 계민 가한에게까지 사신을 보내는 등 적대적인 움직임을 멈추지 않았습니다. 고구려는 아니라고 발뺌하고 있지만 계민 가한을 재물로 유혹해서 우리와 싸우게 할 속셈이 분명했습니다.

결국 나는 백만이 넘는 대군을 동원해 고구려를 징벌하기로 마음을 먹을 수밖에 없었지요. 무능한 지휘관들과 고구려의 유인 전술에 말려 전쟁에서 지고 말았지만, 패했다고 하여 그냥 물러난다면 고구려는 물론 복종하고 있던 북방의 유목민들까지 슬금슬금 들고 일어날 것이 뻔했습니다. 하지만 계속되는 전쟁에 백성은 지쳤고, 황제의 자리를 넘보는 자들은 그런 백성을 부추겼습니다. 나는 뜻대로 되지 않는 현실을 인정하고 싶지 않아, 술과 향락에 빠져 지내다 결국 측근의 손에 살해당했습니다. 그리고 나는 가혹한 후대의 평가로 인해 한 번 더 죽임을 당했다고 생각합니다. 하지만 나는 자신 있게 말할 수 있습니다. 나는 황제로서 책임을 다하고자 노력했어요. 역사의 거대한 흐름 속에서 바라보면 수나라가 고구려를 공격한 것은 정당했습니다. 다만 결과만을 중시하는 세상의 시각이 나의 평판을 결정지은 것뿐이지요. 부디 나에게 씌워진 오명이 벗겨질 수 있도록 현명한 판결을 내려 주기를 부탁드립니다.

을지문덕 나는 오늘 이 자리에서 그 어떤 이야기를 하기 전에, 먼저 고구려를 지키기 위해 애쓰다가 돌아가신 분들의 명복을 빕니다. 솔직히 말씀드리면 나는 수나라의 침략을 물리쳤다는 것에서 어떠한 다른 의미도 찾아본 적이 없습니다. 더 정확하게 말하면 다른 생

각을 할 겨를이 없었지요.

이번 재판에서 고구려가 수나라와 전쟁을 벌이게 된 이유에 대한 여러 논의가 오갔습니다만 나는 그 전쟁으로 인해 희생된 많은 죽음들 앞에서는 그 어떤 것도 의미가 있다고 생각하지 않습니다. 죽음 앞에서 이념과 의지가 다 무슨 소용이 있을까요? 차가운 살수의 물 속에서 죽어 간 수나라 병사들과 조국과 가족을 지키기 위해 죽어 간 고구려 병사들은 모두 주어진 의무를 다하기 위해 최선을 다했을 뿐입니다. 거대한 역사의 수레바퀴 속에서 한 인간이 할 일은 극히 적지요.

나 또한 전쟁이 아니었다면 변방의 작은 성을 지키는 장수로 살다가 죽을 운명이었습니다. 극적인 승리를 거뒀기 때문에 역사의 한 페이지에 족적을 남겼지만 다만 그뿐입니다. 수나라의 고구려 침략이 과연 정당했느냐 그렇지 않았느냐, 나에게 묻고 싶으십니까? 만약 내가 수나라 황제였다면 고구려 침략은 불가피했고, 나 또한 수양제처럼 그렇게 했을 겁니다. 하지만 나는 고구려인이고, 무엇보다 우리 땅에서 벌어지는 전쟁의 최전선에서 싸워야 했던 장수였습니다. 따라서 고구려인 을지문덕으로서 대답한다면 수나라의 고구려 침략은 잘못된 판단이었고, 불필요한 전쟁이었다고 말할 것입니다.

고구려는 통일된 중국을 상대로 전쟁을 벌일 정도로 무모한 나라가 아니었습니다. 수나라 땅도 넓지만 고구려 땅도 넓었지요. 우리는 단지 아무런 방해를 받지 않고 살고 싶었습니다. 그리고 난 그걸 지키기 위해 싸워야 할 운명을 지녔습니다. 나는 그저 나에게 주

어진 임무를 다했을 뿐이라는 말씀밖에는 드릴 게 없습니다. 살수대
첩이 벌어진 지 1천4백 년이 되었습니다. 이제는 증오와 분노보다는
용서와 화해가 더 필요합니다.

판사　　3차 재판까지 오는 동안 원고 측과 피고 측, 그리고 방청석
에 계신 여러분 모두 수고가 많았습니다. 배심원의 의견은 4주 후에
나에게 전달될 예정입니다. 배심원의 의견을 참고해 4주 후에 최종
판결을 내리도록 하겠습니다. 재판을 마칩니다.

　땅, 땅, 땅!

역사공화국 한국사법정 재판 번호 08 수양제 VS 을지문덕

주문

역사공화국 한국사법정은 수양제의 고구려 침략을 명백한 불법 행위로 판결하며, 을지문덕이 개인의 영달을 위해 전쟁을 지속했다는 원고 측의 주장은 근거가 희박하므로 이에 기각한다.

판결 이유

수양제는 고구려 공격이 중국을 다스리는 황제로서 정당한 정치적인 결정이었다고 주장하지만 고구려가 수나라에 실질적인 위협이 되었다는 점을 증명하지 못하였다. 당시 고구려는 영토나 인구 면에서 볼 때 수나라에 위협이 될 수 없었고, 중국 본토에 대한 지속적인 침략 또한 단행한 적이 없다. 따라서 수나라의 고구려 침략은 명분 없는 명백한 불법 행위이며, 이에 대한 책임은 당시 최고 권력자인 원고에게 있다고 볼 수 있다.

또 을지문덕이 자신의 영달을 위해 전쟁을 끝내지 않았다는 주장은 당시 양측의 불균형한 전력을 감안해 볼 때 인정할 수 없다. 당시 고구려의 총 전력은 최대한으로 봐도 30만 명 정도였으며 남쪽의 신라와 백제군에 대항할 전력을 남겨 두어야 했기 때문에 실제로는 이보다 더

적었을 것이다. 이런 상황에서 을지문덕이 설사 개인적인 욕심이 있었다고 해도 실행에 옮길 만한 상황이 아니었다. 또한 종전 이후 을지문덕이 역사 속에서 조용히 사라진 점을 보면, 자신의 욕심을 위해 전쟁을 지속시키고자 했다는 주장은 근거가 희박하다.

세 번의 재판을 종합해 볼 때, 을지문덕에게 전쟁의 책임을 물으려면 그가 전쟁이 발발한 원인을 제공했거나 혹은 전쟁 과정에서 불법행위를 저질렀다는 명백한 증거가 있어야 한다. 하지만 을지문덕은 고구려와 수나라가 전쟁을 벌이게 된 과정에 참여했다는 증거가 없고, 전쟁 과정에서도 내내 공세를 취한 건 고구려가 아닌 수나라군이었다. 다만 을지문덕은 협상을 위해 수나라군 진영을 방문했다가 보급에 문제가 있다는 약점을 찾아서 유인 전술을 펼쳤는데, 이는 전쟁의 지휘관으로서 당연한 결정이라고 볼 수 있다. 또한 식량 보급이 위태로운 상황에서 오히려 별동대를 투입해 고구려의 도성을 공격하기로 결정한 것은 수양제였다. 마지막으로 을지문덕은 살수에서 퇴각하는 수나라군을 전멸시킨 이후 전쟁을 지속시킬 만한 어떠한 행동도 벌이지 않았음을 확인하는 바이다.

역사공화국 한국사법정 담당 판사 공정한

"전쟁으로 무고한 백성이
죽어서는 안 될 일이지"

"여기가 어디냐고? 바로 죽음의 벽이지. 이승에서 여기로 오는 경우는 두 가지야. 하나는 태어날 때 정해진 수명대로 살다가 죽는 경우이고, 또 하나는 전쟁이나 기아와 같은 비극으로 인해 죽게 돼, 갑자기 오는 경우이지. 전자의 경우는 어느 정도 죽음을 맞이할 마음의 여유가 있는 반면, 후자의 경우는 여기서도 갑작스러울 정도이니 당사자야 오죽하겠어. 이승에 남은 가족들도 마찬가지고 말이야."

왼쪽으로 여미는 회색빛 저고리에 통이 넓은 바지 차림의 을지문덕 장군이 검은빛을 띤 거대한 벽 앞에 서서 말했다. 낮게 드리워진 하늘의 구름에 닿은 검은색 벽은 유리처럼 매끈해서 벽 너머에서 서성거리는 사람들의 모습이 어렴풋하게 보였다.

"매일 여기 나오신 겁니까?"

"그 동안 계속 이곳을 지켰다네."

"승자들의 마을에서 지내시지 않고요?"

"나 혼자만 거기서 지내는 게 미안해서 여기 와서 일을 하고 있지. 갑작스럽게 죽음을 맞이해 이승에 대한 미련을 못 버린 사람들을 다독거려서 저승으로 안내해 주고 있다네."

"장군님께서 이 일을 하실 필요는 없잖습니까?"

"눈을 감을 때까지 전쟁터에서 죽어 간 고구려와 수나라의 병사들을 잊지 못하겠더군."

"그 전쟁은 장군님 책임이 아니잖습니까? 이번 재판에서도 명백하게 밝혀졌고 말입니다."

"전쟁의 가장 큰 피해자는 병사들과 백성일세. 그들의 죽음 앞에서 잘잘못을 따지는 건 허망한 일이야. 이승에서는 내가 살던 시대를 소설과 영화로 만들더군. 하지만 아무도 그 전쟁의 발길에 차인 민초들에게는 눈길을 돌리지 않아. 여기서 보면 분명 세상은 나아지는 것 같은데 왜 전쟁이 사라지지 않는지 모르겠어."

갑작스러운 울음소리가 터져 나오자 을지문덕 장군이 그쪽을 쳐다봤다. 벽 앞에 쪼그리고 앉은 젊은 청년이 두 손으로 얼굴을 가린 채 엉엉 울고 있는 중이었다. 곁으로 다가간 을지문덕 장군이 청년의 어깨를 말없이 토닥거려 주었다.

전쟁의 의미를 생각하는 전쟁기념관

　서울시 용산구에 가면 우리나라 유일의 전쟁사 종합박물관인 전쟁
기념관을 만날 수 있습니다. 이 땅에서 있었던 수많은 전쟁들과 그 전
쟁에서 목숨을 바쳐 나라를 지켜온 선조들을 기리는 장소이자, 앞으로
는 이런 전쟁이 일어나지 않길 바라는 장소이기도 하지요.

　전쟁기념관은 옥내전시와 옥외전시로 구분되어 있는데, 옥내전시
실은 호국추모실, 전쟁역사실, 6·25전쟁실, 해외파병실, 국군발전실,
대형장비실 등 6개 전시실로 구성되어 있습니다. 여기서는 삼국시대
로부터 현대까지의 각종 전쟁과 관련된 자료 등을 실물·디오라마·복
제품·기록화·영상 등으로 살펴볼 수 있습니다. 그리고 옥외전시장에
는 6·25전쟁 당시의 장비를 비롯하여 세계 각국의 대형무기와 6·25
전쟁 상징 조형물, 광개토대왕릉
비, 형제의 상, 평화의 시계탑 등
이 전시되어 있습니다. 기념관 양
측에는 6·25전쟁과 월남전 등에
서 전사한 장병과 경찰의 명비와
6·25전쟁 참전 UN군 전사자 명
비가 있지요.

전쟁기념관 전경

박각순 작가의 살수대첩 기록화(왼쪽)와 을지문덕 흉상

　특히 전쟁기념관에서는 고구려의 살수대첩과 관련된 전시물을 만날 수 있습니다. 바로 박각순 작가의 살수대첩 기록화를 이곳에서 볼수 있기 때문입니다. 고구려 군대가 수양제의 침공군에게 맞서 싸우는 모습을 묘사한 벽화로 당시의 전투를 생생하게 느낄 수 있지요. 살수대첩하면 잊을 수 없는 인물인 을지문덕의 흉상도 전쟁기념관에서는 볼 수 있습니다. 삼국시대 612년 무렵 고구려 장군이었던 을지문덕의 흉상으로 전쟁기념관에서 제작된 것이지요. 을지문덕 장군의 흉상을 보며 지략이 뛰어나고 위기 상황에서 침착하게 대처했던 을지문덕을 상상해 볼 수 있답니다.

찾아가기 **주소** 서울시 용산구 이태원로 29
　　　　　전화번호 02-709-3139, 3114
　　　　　관람안내 매주 월요일 (월요일이 포함된 연휴때는 마지막 다음날 휴관)
　　　　　참고 www.warmemo.or.kr

『역사공화국 한국사법정 08 왜 을지문덕은 살수에서 물길을 막았을
까?』와 관련한 논술 문제를 풀어봅시다.

※ 다음 제시문을 읽고 물음에 답하시오.

(가) 신묘한 계책은 하늘 이치를 꿰뚫어 볼 만하고
　　오묘한 전술은 땅의 이치를 모두 알겠구려.
　　싸움에 이겨 공로 이미 높았으니
　　만족을 알고 그만 돌아가시구려.

　　　　　　　　　　　　　　　　　　—을지문덕이 우중문에게 보낸 시

(나) 장군께서 군사를 돌리신다면 우리 임금을 모시고 행재소를 찾
　　아가 황제를 뵈옵겠나이다.

　　　　　　　　　　　　　　　　　　—을지문덕이 우중술에게 보낸 편지

1. (가)는 을지문덕이 유인 전술로 수나라 군사들을 지치게 만드는 데 성
　공했다고 판단하여 수나라 사령관인 우중문에게 보낸 시이며 (나)는
　수나라 부사령관 격인 우문술에게 보낸 편지입니다. (가)와 (나)를 보
　고 수나라 대군을 맞서 을지문덕이 세운 작전과 전략에 대해 쓰시오.

※ 다음 제시문을 읽고 물음에 답하시오.

(가) 산이 많았던 고구려에서는 질이 좋은 철이 많이 생산되었습니다. 또한 철을 다루는 기술 또한 발달하였지요. 이렇게 좋은 철과 좋은 기술로 다른 나라보다 뛰어난 무기를 만들 수 있었습니다. 특히 고구려의 개마무사는 고구려 군대의 자랑이기도 했지요. 개마무사는 철갑옷으로 얼굴과 손을 뺀 전부를 감싸고, 발에는 뾰족뾰족한 쇠막대를 박은 신발을 신었습니다. 뿐만 아니라 말에게도 철로 된 가면을 씌우고 발목까지 내려오는 갑

옷을 입혔지요. 이렇게 철갑옷을 입은 개마무사는 적의 활이나 칼이 무섭지 않았습니다.

(나)

2. (가)는 고구려의 개마무사에 관한 내용이고, (나)는 삼실총에 그려져 있는 벽화입니다. (가)와 (나)를 배경으로 고구려 군사의 특징에 대해 쓰시오.

왜 을지문덕은 살수에서 물길을 막았을까?

해답 1 113만이라는 대군을 끌고 온 수나라의 군대는 너무 강력했습니다. 수적으로 적을 쓸어버리기에 충분하였지요. 하지만 고구려 군은 목숨을 걸고 싸웠고, 수나라의 대군과 맞서 싸울 수 있었습니다. 이 때 당시 압록강 쪽을 지키고 있는 장수는 을지문덕이었습니다. 수나라의 장수 우중문과 우문술은 압록강 입구에 10만 명의 군사를 두고 고구려 군대의 움직임을 살폈습니다. 수에서 밀릴 수밖에 없었던 을지문덕은 적군이 교만한 마음을 갖고 아군을 깔보게 하여 전쟁에서 유리한 위치를 차지하는 '교병계'를 쓰기로 했습니다. 그래서 우중문에게 거짓 항복을 하기도 하고, 압록강 강변에 있는 목책을 모조리 뽑아 적을 안심시키기도 하였죠.

이러한 을지문덕의 전략에 수나라 군사는 고구려 군대를 얕보고 공격을 해 옵니다. 하지만 고구려 군대는 수나라 군사를 맞아 싸우는 척만 하고 달아나는 유인전을 펼쳐 수나라 군대를 지치게 만듭니다. 이렇게 지친 수나라 군대의 사령관인 우중문에게 보낸 시가 바로 (가)의 내용입니다. 조롱을 담은 시를 써 보내 화를 돋우는 전술을 쓴 것이지요.

곧이어 부사령관인 우문술에게는 (나)와 같은 편지를 보냅니다. 이 편지의 내용은 요동에 머물고 있는 양제를 찾아가겠다는 것으로 항복한다는 의미이기도 합니다. 이렇게 우중문과 우문술에게 각각 다른 내용의 편지를 보낸 것은 두 장수를 멀어지게 하려는 고도의 심리 전략이었지요. 항복하겠다는 편지를 받은 우문술은 우중문을 달래 군사를 돌리게 됩니다. 돌아가는 수나라 군대를 기다리고 있던 것은 고구려의 복병들이었습니다. 이렇게 고구려의 을지문덕은 많은 수의 군대를 맞이하고서도 당황하지 않고 여러 가지 지략을 펼쳐 슬기롭게 적을 물리칠 수 있었답니다.

해답 2 말머리에 가리개를 씌우고 말에 갑옷을 입힌 채 안장을 얹어 완전 무장한 말을 '개마'라고 하는데, 중국의 지린성에 있는 삼실총에는 개마가 그려진 벽화를 찾아볼 수 있습니다. 고구려의 무사들은 투구와 갑옷으로 무장을 한 채 개마를 타고 전투에 나섰지요. 많은 나라의 군대가 걷는 것으로 이동을 하는 보병이 위주였던 것과 달리 고구려의 군대는 말을 타고 이동을 하는 기병이 우세했습니다. 이렇게 기병이 많으면 빠른 시간 내에 이동을 할 수도 있고, 적을 공격할 때도 유리하였지요. 또한 고구려에서 많이 나는 철을 이용하여 사람은 물론 말까지 갑옷을 입혀 적의 공격에도 충분히 방어를 할 수 있었답니다. 이렇게 기동력과 방어력을 갖춘 덕분에 고구려 군대는 최강이 될 수 있었습니다.

* 해답은 예시로 제시된 내용입니다.

왜 을지문덕은 살수에서 물길을 막았을까?

역사공화국 한국사법정 08

왜 을지문덕은 살수에서 물길을 막았을까?

© 정명섭, 2010

초   판 1쇄 발행   2010년 9월 30일
개정판 1쇄 발행   2012년 8월 16일
개정판 7쇄 발행   2023년 5월 1일

지은이   정명섭
그린이   이동철
펴낸이   정은영

펴낸곳   (주)자음과모음
출판등록   2001년 11월 28일 제2001-000259호
주소   10881 경기도 파주시 회동길 325-20
전화   편집부 (02) 324-2347 경영지원부 (02) 325-6047
팩스   편집부 (02) 324-2348 경영지원부 (02) 2648-1311
이메일   jamoteen@jamobook.com

ISBN 978-89-544-2308-3 (44910)